流言流行への一撃 I

西部邁

18年の軌跡

KKベストブック

はじめに

西部先生には、18年間217回の長きにわたって弊社刊行の月刊誌『ベルダ』にコラム『流言流行への一撃』を一度の休載もなくご執筆いただきました。本シリーズ全4巻はそのすべてを収録したものです。

このコラムを2017年8月号をもって終了したいと先生から連絡を受け、私は御礼と慰労のための食事会を計画、「10月か11月はいかがですか」とお伺いを立てました。ところが、「それでは遅い」というのです。そこで9月15日にお会いすることになりました。

その日のことは鮮明に覚えています。なにしろ顔を合わせた途端、「死にたい。10月には死ぬ」と仰る。しかも「拳銃を手配してもらっている」と。私は混乱し、「拳銃はご家族の迷惑になるからやめてください」と制すのが精一杯でした。以後、なかなか連絡できずにいるうちに時が経ち、5カ月後の翌2018年1月、西部先生は自裁を遂げられました。

先生に初めてお会いしたのは二十数年前、赤坂の料亭でした。歌が好きでマイクを持ったら離さない、愛嬌があって人情味溢れる人柄にすっかり魅了されました。当時から先生は、パラオやペリリューなどの太平洋戦争の激戦地にでかけ、戦没者を慰霊する活動を続けていました。道を外してしまった友人を庇ったりと侠気にも溢れていました。ご自身でも月刊誌『発言者』を発行しておられた先生を、私は同じ「雑誌の発行人」として「同志」と思っておりました。

『そろそろ子供と「本当の話」をしよう』のご執筆をお願いしたのは2012年でしたが、その頃、札幌南高校の同級生である奥様が癌で余命数カ月の宣告を受け、先生は献身的に奥様の看病にあたりながら、少しでも延命につながればと漢方薬の勉強に励んでおられました。そのような大変な時期であるにもかかわらず、期限内に原稿を仕上げていただき、感激したことを昨日のことのように覚えています。先生は本当に芯の強い人、ハートのある人でした。

本シリーズの刊行にあたって、当初は全217本のコラムの中から50本ほどを抽出して一冊に収めようと思っておりました。しかし、すべてを余すことなく採録し、この18年の日本の歩みを逐一振り返ることで、先生が、日本という国と、私たち一人ひとりの日本人に突きつけ続けた課題が、より切実に浮かび上がるのではないか、すべてを収録し刊行することが私の務めではないか、そう考えて、このような形をとらせて頂きました。

本シリーズを通読すれば、この混迷の時代にあって、先生がいかに優れた羅針盤であり続けたか、実感していただけるはずです。

西部先生からは、本当にさまざまなことを勉強させて頂きました。感謝の念は尽きません。また本シリーズの刊行あたりに、西部先生のご長女・智子様にも多大なご協力を賜りました。厚く御礼申し上げます。

カラオケが大好きだった西部先生、貴男は本当に侠でした。ご冥福を心よりお祈り申し上げます。

２０１８年９月

株式会社ベストブック代表取締役
千葉　弘志

【目次】

❶歴史こそが様々な観念にとっての平衡の支点なのだ

（1999年8月）

一億総保守化などといわれる御時世であるが、ほとんどの日本人が近代保守思想の元祖ともいうべきエドマンド・バークのことを何も知らない。また日本の知識人たちがそれを知らせもしない。バークの吐いた数ある名科白《せりふ》のなかで最も有名なもの、それは「〝人間の権利〟が何を意味するか、自分には理解不能であるが、〝イギリス人の権利〟ならば盛大に認めてやろう」というものである。つまり彼は、人間一般の普遍的権利なんかは空語にすぎない、だが特定国民の権利については具体的に規定しうる、といったわけだ。

人間一般、それはカルシウムと脂肪と蛋白質とからなる肉体に、脳という高性能の計算機がのっかっている、といった代物である。そのけったいな生命体から様々な衝動や欲望が噴出してくる。だから人権の思想は、それらの欲望は実現を許される（さらには望まれる）と考えることにほかならない。

実にふざけた思想ではないか。なぜといって、人間の衝動・欲望には他者に、また子孫にも、害悪を及ぼすようなふざけた種類のものが少なくないからである。そういう衝動・欲望の実現はルールによって阻止するといってみても、そのルールはどのようにして作られるのか。

人権思想から派生した民主主義の考えによれば、「多数参加の下における多数決」によってルールが決められるわけだ。しかしその多数者が人権思想の持ち主ときているのだから、人間一般の不埒《ふらち》な本性を抑制することは不可能である。その結果、たとえば、性風俗の堕落を通じて他者および子孫に悪影響を及ぼすこと必定の、援助交際の名による少女売春が、野放しになるといった有様になる。

国の歴史を背負う

問題中の問題は、ジャスティファイアブル（正当化可能）なルールがどこからやってくるか、ということである。それをバークは人々の「国民性」に求めたのだ。

つまり、たとえばイギリス人ならば、イギリスという国の歴史を背負っている。そしてその歴史のなかから、イギリスにおいてレジティメイト（正統）とされている価値・規範が分泌され醸成され蓄積されていると考えられる。いいかえると、単なる人間一般（人民）ではなく、歴史を担うものとしての国民の一人ならば、その人の個性のなかに、その正統性のゆえに正当性を保証されているルールがすでに包み込まれている。それがモラル・アティテュード（道徳的態度）やリーガル・マインド（法の精神）となって、その人自身の衝動や欲望を内面から規制している、秩序化している。

少し論点をずらすが、社会主義が蹉跌《さてつ》したあと、自由民主主義だけが現代人の生き方と現代社会の在り方を律する基準だと思われている。しかし、自由といい民主といい、もし自由を放縦に流れさせたくなければ、また民主を衆愚の手に渡したくなければ、是が非でも歴史に繫《つな》ぎ止めておかなければならないのである。というのも、自由とて秩序がなければならないのだが、自由と両立しうるのは歴史的秩序のみだからである。つまり自由の母体たる個性もまた、病的なものでないとしたら、歴史的秩序のなかで形成されるとしなければならない。そして民主も、健全なものであるためには、歴史的常識としての輿論《よろん》によって——流行の多数意見としての世論によってではなく——支えられるのでなければならない。

歴史、それこそが様々な観念にとっての平衡の支点なのだと見定めてよい頃ではないか。真の自由民主主義者は歴史主義者でもなければならない。このことが、とくに今世紀の後半、忘れ去られていた。理由は簡単で、世界の覇権を競い合っていたソ連とアメリカは、歴史破壊の国・ソ連と歴史不在の国・アメリカといったように、歴史的なるものから見捨てられるという不幸に見舞われていたのである。

もっとも不幸なのは、ほかでもない、我が日本であろう。未曾有の敗戦で腰を抜かした戦後日本は、その代弁人たる知識人の挙動にみごとに映し出されているところなのだが、親ソでないとしたら親米、親米でないとしたら親ソという、いずれにせよ歴史から疎外された二卵性双生児のあいだの確執に身も心も飲み込まれてしまった。その意味で、戦後的な言動のすべてが亡国の小唄を歌ってきたに等しいのである。

活力を奪った根本因

少し論点を具体化していうと、自由民主党であれ、その両翼にひかえている（右の）自由党であれ（左の）民主党であれ、歴史に思いを馳せる気持なんか持っていない。また共産党はその左翼主義のゆえに、公明党はその宗教主義のために、よりいっそう我が国の歴史から無縁である。そうであればこそ、多種多様な平成改革は、やればやるほど、日本という国家の背骨を折り血肉を奪う顚末となっているのだ。それもそのはず、規制緩和やグローバリズムの掛け声に露骨に示されているように、平成改革はアメリカニズムに付き随うことに、換言すると「戦後的なるものの完成」に、専念しているではないか。それが「戦後の終焉」とよばれているのであるから、笑えない冗談、それが平成改革だとしかいいようがない。

日本人とは、ニッポン列島に住まう黄色人種のことではないのである。そんなものにすぎないのは、日本人民ではあっても、日本国民ではない。日本国民は、「国の民」である以上、「国の歴史」を過去から引き継いで、それを現在において具体的に生きてみせ、そしてその成果を未来へと引き渡さなければならない。その作業を半世紀にわたって怠ってきたせいで、世紀末日本は、物質的繁栄の絶頂において、精神的荒廃のきわみへと沈み込みつつある。それが日本人から「活力」というものが失せつつあることの根本因である。

市場競争が普及していないから活力が漲《みなぎ》らない、というようなことではないのだ。まったく逆なのであって、日本人の精神の根源において、その歴史感覚および国家意識があまりにも弱いために、活力が枯渇している。そんな調子であるから、市場競争の原理を広めたとて、アメリカニズムの餌食となって御仕舞となるのである。

歴史とか国家のことに触れると、知識人とやらたちが、声を揃えて、それは民族主義だ国家主義だ、と非を鳴らす。どんな知識もその少なくとも一本の柱石は「国の歴史」にある、ということを知らぬようなものは知識人を名乗ることすら烏滸《おこ》がましい。しかし、それにしても、どんな国のいかなる歴史も、内に向かって閉じているだけでなく、外の他民族、他国家に向かって開かれている、ということを知らぬ知識などあってよいものであろうか。

などと考えてくると、技術をめぐる文明が進歩したとて、精神（とくにその価値・規範の部分）をめぐる文化が退歩することもあるのだ、とつくづく思う。というより、文明の進歩する速度がある限界を超えると、文化はかならず退歩する、といいつのりたいくらいのものである。今の日本がそういう状態にはまっている、というのは大いにありそうなことだ。そうならば、いささか強引であっても、その限界内に状態を引き戻すべく、エタ（状態）へのクー（一撃）を、つまりクーデタを、敢行してはどうか。歴史を保守せんとするものは、歴史の破壊にたいしてならば、過激に抵抗してもよいのである。

❷企業家精神は「向こう見ず《ヴェンチャー》」のことではない（1999年9月）

アントラプラナシップとは企業家精神のことで、もちろん、経済学方面の学術的な用語にもなっている。ところが、通常の経済学教科書にその用語はめったに現れてこないし、たまに現れても、それについての詳しい説明があるわけではない。それもそのはず、「業を企てる心意気」とでもいうべきアントラプラナシップには、企業家の世界観、人間観、歴史観、人生観の一切がかかわってくるのであり、そんなにも複雑な精神の状態について経済学ごとき不粋な学問が喋々《ちょうちょう》できるわけもないのである。

実際、アントラプラナシップの概念を重要とみなした経済学者は、シュムペーター、ナイトそしてケインズといった、いずれも経済学の異端に属するものたちである。それなのに、最近の経済学者、経済評論家および経済ジャーナリストは口を開けば企業家精神を唱導してやまない。いうまでもなくそれは、日本経済の大不況を乗り切るには企業家精神を奮い起こさなければならない、という文脈においてである。自分のよく知らぬ概念を振り回すのは曲学阿世の、つまり学を曲げて世に阿《おもね》る徒輩の、常套手段といってよい。だから昨今の経済論壇は詐話師の跳梁跋扈する場になったとみてさしつかえないのである。

企業家精神「論」の陥穽《かんせい》

とりわけ詐話めいているのは、企業家精神の活路が「アメリカに習って高度情報化に突き進む」という方向に求められている点であろう。アメリカ人ですら認めているように、情報産業にあってはザ・ウィナー・テークス・オールつまり「勝利者が総てを取る」という傾向があるのだからである。アメリカの後を追ったとてアメリカに収奪されるのが落ちであり、その破目に陥りたくなければ日本に独自の情報化戦略を練るほかない、という情報化論があまりにも少なすぎる。たとえば、日本の発信する情報には歴史的感覚、文化的意識そして集団的英知がたっぷりと盛り込まれているとなったときにはじめて、その方向でのウィナーの地位を我が国が占めることができるのである。

それをあろうことか、アメリカ的情報に依拠するものとしてのヴェンチャー・ビジネスを興せ、というのが只今の企業家精神論となっているのだ。仏語でアントラプラナといい、英語でエンタプライザーといい、それは「間を取る者」のこと、つまり「鞘《さや》を取る者」のことを意味する。一般的にいうと、現在と未来のあいだの鞘を取るべく危険を賭する。それが企業の営みである。つまり企業という言葉それ自体のうちにすでに「利益のために危険を引き受ける」ということが意味されているのに、それにヴェンチャーの形容を冠するのが今の流行となっているのだ。

流行どころの話ではない。堺屋太一・経済企画庁長官が「知恵ある時代」を提唱するとき、その知恵の内容たるや、ヴェンチャー精神をたくましくすることにほかならないのである。

ヴェンチャーは、あっさりいうと、「向こう見ず」のことをさす。大臣が国民に向かって向こう見ずになれ、それが知恵というものだ、と呼号するのであるから、まさしく末法の世としかいいようがない。人生経験を少し積んだものならわかろうが、向こう見ずは、百人に一人くらいの成功者を残して、あとは死屍累々となるに決まっている。そしてその一人の成功者すら、「他人を出し抜く」という形で儲けにあずかる、という場合が多いのである。皆がこぞって他人を出し抜くということはありえない。いずれにせよ、アメリカ人（の賭博者）のあとに続いてヴェンチャーで行きましょう、というのは国家についての笑止千万の未来像だといってよい。

未来はつねに危険を孕《はら》んでいるのであるから、危険を回避してばかりいるな、ボーイズ・ビー・アムビシャスでいけ、というのはよくわかる。私のいいたいのは、それくらいのことなら、アントラプラナシップを発揮せよといっておけば十分であって、ヴェンチャーなどという仰々しい言葉は百害あって一利なしということである。

そんな大道の香具師《やし》めいた口上を叫ぶ前に、現在の日本にあって企業家精神が沈滞しているのはなぜか、について考えてみるべきだ。それは、企業家精神の働き場所たる市場が、社会全体のなかで、ごく不安定な地位しか与えられなくなっているからである。市場を支えるインフラ・ストラクチャ（下部構造）は、経済における資源・エネルギー、政治における危機管理・国策提示、社会における家族制度・環境体系、そして文化における学校・教育にかかわる諸機構であろうが、それら公共的な機構が大きく揺らいでいる。また市場を方向づけるスープラ・ストラクチャー

（上部構造）は経済における通貨・信用、政治における指導力・説得力、社会における都市・田園、そして文化における研究・開発にかかわる諸政策であろうが、それらの公共的な施策もまた落ち着きなく浮動している。

市場を支える「公」の崩壊

市場は楼閣のように空中に浮かんでいるのではない。インフラによって全体社会のなかに繋ぎ留められ、スープラによって未来社会に向けて方向づけられているのが市場である。その下部構造が溶け、その上部構造が空っぽになりつつあるのが今の市場である。いいかえると、市場を下から支え、そして市場を上で方向づける公共的な場を崩壊させてきたのが敗戦日本の半世紀間であったということだ。それはひとえに、国を失った敗戦民族における国を思わざる悪習の、当然の帰結なのである。

そんなところで企業家精神が鼓舞されるわけもないではないが、ましてや、グローバリズムなる空語に惑わされて、「国にこだわるのはもう古い」などという言い種が流行している御時世である。企業家精神といい市場活力といい、巨大多国籍企業に伍して「向こう見ず」で頑張る、というほとんど空想的なイメージに属する言葉となっている。そうであればこそ、笛吹けど踊らず、それがヴェンチャーの実態となっているのである。

話がここまでくると、ビジネスという用語にたいしても文句をつけたくなる。ビジネスつまり「多忙」であることは人間社会の、とりわけ現代社会の、直しようのない傾きである。しかし何について多忙であるのか、「向こう見ず」の冒険においてであるのか、それとも熟慮された企てにおいてであるのか、それくらいの判断はあってほしい。スクール（学校）の原意はスコレー、つまり「暇」ということである。暇な時間を熟慮によって多忙にする、それが「知恵ある時代」における生き方なのだと私は思う。

話を戻せば、今熟慮すべきことの第一は、市場を挟む社会の下部構造と上部構造を安定させるべく公共活動を活発にし、そうすることによって、皮肉ないい方だが、市場における「向こう見ず」な行動が失敗する可能性を減らすことである。こうした市場領域と非市場領域とのかかわりについてエコノミストの知るところは極度に少ない。エコノミストの「向こう見ず」な改革論にそろそろ歯止めをきかすべきときがやってきたのだ。現に、彼らの発表したあまたの改革案のうち成功したものは皆無に等しい。御存知の方もいるであろうが、私は（経済学出身の）向こう見ずな知識人として悪名をとっている人間である。その私がいうのだから、軽々しくヴェンチャーという勿《なか》れ、という私の意見に、世人よ、賛成してもらいたいものである。

❸思想の曲芸師「諭吉」の教えるもの

（1999年10月）

今、福沢諭吉について一書を物そうとしていて、日夜、私には珍しく奮戦中である。夜もというのには訳があって、生まれてはじめてアトピー性皮膚炎に罹《かか》り、表現し難き痒《かゆ》さと闘っているわけだ。

それはともかく、私が諭吉を好きなのは、死後の98年間、いや生前も、誤解のされっ放しだというところにある。つまり、彼はそれだけ複雑な人物だということで、その一読したところ矛盾に満ちた言説に統一的な構図を与えるのは、知的に面白い作業だというばかりでなく、複雑な現代社会の様相について考えるのにも大いに参考になる。

たとえば、彼は文明開化の率先者と思われているが、その彼が「開化先生」たちを大いにからかったことをどう考えるべきか。諭吉は「文明の外形」のみを真似る連中を開化先生とよんで、そんなことをやっていたのでは一身も一国も「独立自尊」に達しうるはずがないと批判したのである。また彼は、御一新の改革運動の精神的指導者と目されているが、彼が「改革者流」を深く軽蔑していたことをどうとらえるべきか。彼の有名な科白《せりふ》で、「日本は日本人の日本なり」というのがある。つまり日本の国体（国柄）の本質を守ろうとしないような、いいかえれば新しければ何でもよく古ければ何でも悪いと思うようなやり方を、「改革者流」とよんで批判したわけだ。

そのほか一考させられる論題が諭吉の著作群には山ほどある。もう一つだけ挙げると、いわゆる実学は「役に立つ学問」のことだとみなされ、それで（今風にいえば）ビジネス・エコノミストのわかりやすい経済解説とやらが実学の見本とされているが、諭吉のいう実学の本意はそんなものではない。彼は「交際」が人間の本質であり、それゆえ人間交際に役立つものを実学とよんだのである。私の知るかぎり、ビジネスライクな振る舞いは人間交際として出来のよいものではない。そうならば、そういう方面で有用なものは実学として失格品なのである。

しつこくもう一つ加えてみよう。諭吉は明治12年の『民情一新』――これは必読書だ――で、「西洋人は驚愕し狼狽している」と指摘した。何に驚き何に慌てているのかというと「蒸気、電信、印刷、郵便」という「思想伝達の大道」についてである。つまりこうした新しい技術体系にうまく適応することもそれをうまく利用することもできないので、社会的かつ政治的な騒擾《そうじょう》事件が次々と持ち上がるのだ、というのが諭吉の見方であった。『西洋事情』であれだけ西洋の文明に寄り添ったのと比べると、諭吉は「転向」したのではないかとみる知識人もたくさんいる。そうではないのである。そうした技術文明を創り出した西洋の精神は見上げたものだが、その前であわてふためいている点では、その精神も大したものではない、とごく冷静に評価しているだけのことだ。

諭吉は「境界人」である

私が驚愕するのは、いろいろな諭吉論が「群盲象を撫でる」式にてんでばらばらなことをいっているということについてである。その証拠に、非左翼の親分の一人ともいうべき加藤寛氏の論吉論は「官に抗して民に就いた」諭吉をべた褒めしている。そして親左翼の頭目であった故丸山真男氏も「自主自由の多事争論を推奨した」諭吉に惚《ほ》れていると述懐していた。翼の左右を問わず諭吉礼讃というのだから、そも福沢諭吉とは何者ぞ、という疑問が湧いて当然であろう。

私の思うに、諭吉は英語でいうところのマージナル・マン、つまり「境界人」である。彼は、互いに対立する二つの領域の境界線上にいつもいて、両方を批判的に理解しつつ、両方を何とか平衡させよう、できるなら両者を総合しよう、と構えている。その平衡・総合という困難きわまる作業において彼が手にしているのはたった一つのもの、つまり「良識」なのである。ここで良識というのは、「日本は日本人の日本である」といった諭吉にいかにもふさわしく、日本の歴史の試練をくぐり抜けてきた耐久力のある物の見方のことだ。

平衡作業とは、いってみれば、綱渡りや尾根伝いにおけるような不安定状態において転落を免れるための精神の平衡術のことだ。曲芸師が一本の長い棒を横にして綱を渡っている姿を想像していただきたい。私が良識とよんだのは、その平衡棒のことである。それはみたところ何の変哲もないものだが、それがなければ曲芸師は死ぬかもしれないのである。諭吉のいっていることは、一つひとつをみれば、平凡なことだ。しかしその平凡な良識には、危地を脱することを可能にする大きな英知が含まれている。たとえば諭吉が天皇という存在に、「俗熱（世俗界の相克）を緩和する一種不思議の妙力」をみたのは、その伝である。

「危機の綱渡り法」に指針

綱渡りのことを思えば、諭吉が改革における急進主義を嫌って漸進主義を採った理由がすぐわかる。つまり、綱の上を早足で来るような曲芸師はかならず転落するということだ。綱渡りは漸進的な歩行を必要とする。それに似て、つねに危機に取り囲まれているのが人間の生活であり国家の制度であるのだから、多くの場合、改革は漸進主義でやるのがよろしいのである。

また曲芸師がまっすぐ前を見て歩いていることに留意していただきたい。つまり人間といい国家といい、目的を見据えて進むことが肝心だということである。身の回りのことだけを心配していると、ちょうど下に眼をやる曲芸師が綱から落ちるのに似て、いずれ失態を演じる。眼線はまっすぐ遠くに、しかし足元はしっかりと踏みしめて、それが境界人の心掛けることである。

実は、諭吉にかぎらずあらゆる人間が境界人なのだ。矛盾と葛藤なしに生きられぬのが人間であるということは、自分が対立し合う諸領域につねにかかわっているということである。諭吉が勝れていたのは、そのことを曇りなく自覚していた点にある。飛行機は右翼だけでも左翼だけでも飛ばない。両者を平衡させること、そして両者を新しい次元で総合すること、それに努めるのが人間の、とくに人間について考える人間の、責務だといってよい。

諭吉が一万円札に載っているのはなぜなのか、誰も説明しえていない。それもそのはず、諭吉が何者であったかについて、今もなお定説がないのである。おそらく大概の教師や父兄は「文明開化に貢献した先生」といったくらいの説明を子供たちに向かってしているのではないか。開化先生として位置づけられたら、諭吉は、死後百年祭あたりに化けて出てくるのではないかと私は心配する。

昔のことはひとまずどうでもよいとしても、今の日本は「第三の開国」なるものに直面しているそうである。そうならば、危機の綱渡り法について少しは勉強してみたらどうなのか。そう構えれば、否応もなく、諭吉が何をいわんとしたかが気になるはずだ。その意味で、よくできた諭吉論ならば、新世紀に差しかかった我々にとって、大きな指針を与えてくれるのではないか。

といってみても諭吉の姿は、最も簡単な「思想の伝達手段」たる紙幣のなかに没してしまった。諭吉を生き返らせること、そして彼の全貌をとらえること、それは面白く有益な作業ではなかろうか。

4「改革」が「臨界」をもたらした（1999年11月）

「危機」とは容易に管理することのできない状態のことをさす。しかも危機なるものは、その発生や進行について正確に予測できないからこその危機でもある。つまり危機管理は、言うは易く行うは難しの見本みたいなものであり、したがって危機が実際に勃発したからといってすぐさま責任者探しで騒ぎ立てるようなことをしてはならないわけだ。そんなことをするのは、危機を見《み》縊《くび》っていることの証拠なのである。

「臨界とは何のことか」

そうとわかりつつも、やはり、東海村におけるＪＣＯなる民間会社の作業員がなしたことは言語道断というほかはない。核燃料の加工に当たって、作業規則を平然と踏みにじって10年、というような仕事の道は断固として断たれるべきである。メルトダウンしているのは、勤労のディシプリン（訓練）でありモラル（道徳）であるといわれて致し方あるまい。

しかしＪＣＯにとりわけ性質の悪い勤労者が集まったとは考えられない。普通の勤労者が普通に考えたり行動したりしているうちに核燃料が「臨界」に達した、とみるべきで、それゆえ、普通が異常につながる回路は一体いかなるものか、是非とも考えておかなければならないわけだ。

ところで、今、マスコミはこれを「臨界事故」と称している。読者や視聴者のうち「臨界」といわれてその意味を的確に理解できるものはごくわずかであろう。そういえば、問題の作業員も「臨界とは何のことか、理解できなかった」と述べている。理解困難な表現をつかって平然としているマスコミ（および電力会社）、そして理解困難な表現を示されても質問すらしようとしない読者視聴者（およびＪＣＯの作業員）、危機の源はこうした言葉へのふしだらな対応にこそあると私は思う。

英語で「クリティカル」というと、「批判的」「危機的」そして「臨界的」という三様の意味があるが、もちろんそれらは互いに連動している。つまり、物事の成立根拠が問われるような状態が臨界的とよばれるのであるから、それは当該の物事が危機に直面するということである。また所与の問題をそうした臨界状態にまで追い込む形で検討するのが真に批判的な態度でもある。核燃料の臨界状態は同時に危機状態でもある。そういう状態が起こりうるととらえるという意味で、核燃料にたいして批判の姿勢で当たるのが原発に真剣に従事するということなのだ。

構造改革に伴う危機

こうした真剣さを失ったのはひとりＪＣＯのみではない。なぜといって、この10年間、我が国では「構造」改革という言葉が大流行ときているからである。ある状態の構造が変わるということは、その状態が臨界を突破して他の状態に移動もしくは飛躍することで、その際、あたかも放射能が発散されるごとくに、様々な危機が勃発する。この間の経済改革論で、この構造改革に伴う危機のことが論じられたことは皆無なのである。

たとえば、政府活動は（公益事業のことを含めて）非効率きわまりないので、それに民間企業を参加させるべきだと喧《やかま》しくいわれた。つまり民間企業は、利潤動機で動くので、効率的であるというのである。たしかにＪＣＯの勤労者たちは利潤と効率を重んじていて、規定の7倍にものぼるウラン溶液をバケツで沈殿槽とやらに放り込んだのであった。そして、利潤動機も効率重視も時として危機を呼び込むものであることを今回の事故が証明したのである。

またたとえば、規制緩和が一般的に正しいのかのように喧伝《けんでん》したのも経済改革論である。政府（たとえば科学技術庁）の行政的介入は原則として零であるのが望ましいということすらいわれたのであった。ＪＣＯの勤労者は核燃料の加工にかんする既定の規則（つまり規制）を無視し、エコノミストたちの推奨する「自主自由」の才覚をフルに発揮して、きわめて独創的に核燃料を臨界状態へと追いやった。彼らは規制緩和論を実地に応用したわけで、それを批判できるような改革論者はいないはずである。

勤労の規則や道徳は、福沢諭吉にならっていえば、私徳ではなく公徳にもとづいて守られる。私徳は個人の精神の内面における徳義であり、そういうものならばＪＣＯの勤労者にしても、〝一所懸命に働こう〟といった類の私徳をたっぷりと持っていたかもしれない。それにたいし公徳とは、人々のあいだの外面的な関係における徳義であり、その公徳が道徳および規則の基礎となる。私の思うに、公徳を具体化、実体化しようとする方向において、組織が形成されるのである。つまり、勤労にかかわる規則の守り方や道徳の表し方を人々の実践を通じて定めていくのが組織だということである。そして誰しもが認めてきたように、いわゆる日本的経営こそはそうした実践的公徳を最も効果的に形成してきたのであった。

見逃しにできないのは、その経営法はもう古い、これからは勤労者一人ひとりの独創の能力を尊ぶべきだ、と主張したのも改革論者たちだったということである。日本的経営を悪し様に批難したものたちにＪＣＯを嗤《わら》う資格なんかありはしない。

文明こそ危機の製造機

それどころか、日本の世論は原発を継子《ままこ》として扱ってきたのである。電力総供給の35％を担っている原発を自衛隊にたいするのと同じように白眼視するようなものたちが、原発にかかわる危機管理を公明正大に論じられるわけがない。というのも、原発への反対や疑念は、それが「安全な技術」ではないということを批判するものであったからである。安全な技術というのはいわば文明の神話にすぎない。技術文明は、昔も今も、多くの被害を随伴してきた。そんなことは、交通事故死が毎年1万人に上っているということからすぐ察しがつくであろう。

文明には、技術におけるものをはじめとする「革新」を内包しているがゆえに、様々な既成のシステムを「臨界」へと近づけていく傾きがつねにある。いいかえれば、文明それ自体が「危機」の製造機なのである。そのことをしっかり押さえておけば、「危機管理」の努力を伴わないような文明は欠陥品だとわかる。日本の文明がまさしく欠陥品の見本となっている。文明の基礎をなすエネルギーと文明の外殻をなす国家の危機管理をなおざりにしているようなのは、野蛮とまではいわないが、半文明にとどまるのである。

臨界に達しているのは、日本の精神にとっては外界のものにすぎないアメリカニズムに適応するのを専らにしてきた。戦後の半文明のほうではないのか。アメリカニズムへの完全順応を鼓吹したこの間の改革論は、図らずもエネルギー供給における原発を解体させ、そして（東海村に出動することすら自衛隊に要請されなかったというふうに）国家防衛おける軍隊を骨抜きにしようとしている。

クリティックつまり評論家は、欧米ではなかなかに尊敬される立場にある。しかし日本では評論家は穀潰《ごくつぶ》しに等しい。この差は、クライシス（危機）のクリティカル・ライン（臨界線）は何かと批評するのが欧米での評論家であるのにたいし、我が国の評論家にはそういう危機意識がないという点にある。私は、いわせてもらうが、前者のクリティックになりたいと念願している。

5 指導者たるもの言葉づかいに注意されよ（1999年12月）

ノブレス・オブリージュという仏語があり、それは英語にもなっている。高貴な身分のものにはそれなりの義務が伴う、ということを意味するその言葉は、リーダーシップのことが論じられるたびに言及されはするものの、日本人の気持のうちにまだ定着してはいない。武士道の精神がかろうじて存命している今世紀前半までは、そんな外国語を持ち出すまでもなく、地位と責任とは張り合わせになっているのだと広く了解されていた。しかし、その後半ともなれば、我々が間近に見聞しているように、平等主義という時代の風によって地位にまつわる懸念が吹き飛ばされ、自由主義という時代の流れによって責任にかかわる概念が押しつぶされてしまった。つまり、地位は単なる役職上の機能に矮小化され、責任もその宛てがわれた機能を果たすことだとされるに至った。地位が権威によって飾られたり、責任が道徳によって崇高視されたりする、というのは遠い過去の出来事になってしまったのである。

そんな次第であるから、防衛次官の地位にあるものが「非武装を主張している女がレイプされそうになったとて、俺は助けてやらない」というふうなことをいったとき、その科白は、女性を小馬鹿にした乱暴な物言い、として指弾されるにとどまったのだ。

実は、地位の低いものの口から発せられたのなら、その文句はむしろ道理に叶っていると認めなければならないのである。自分たちを襲うものなんかいるはずはないといいつのっている脳天気な女は、因果応報の原則に従って、襲われてしかるべきだ、そうなることによって危機管理の必要が明るみに出されるのだ、というのはまことに正鵠《せいこく》を射た発言である。

しかし、ノブレス・オブリージュの原則に立てば、それは高官の吐くべき言葉ではないということになる。というのも、自分の配下にある女ならば、たとえ嫌な女であり阿呆な女であったとしても、助けてみせると構えるのが「高貴なるものの義務」だからである。ほかの言い方をすると、私的な気分としては見捨ててしまいたい後輩でも、公的には、危機から救い出すよう努めなければならない、それが高位者に課せられた仕事だということだ。

説得力が必須条件

一般に、高い地位にあるものは、私的な感情と公的な役割とのあいだのバランスをうまくとるよう、言葉づかいに注意しなければならない。そのバランス感覚のうちに言葉の説得力が宿りもする。だから、パースウェイシヴ（説得的）な言葉づかいができるかどうか、それが指導者にとっての一つの必須条件だということになる。戦後日本の政治にピュエリリズム（精神的小児病）の気配が漂いつづけているのは、民主主義的に選出された政治家たちが言葉づかいにおいて平衡感覚を、それゆえに説得力を、欠いているからなのではないか。

たとえば、「核武装についての論議を国会で始めるべきだ」というのは、それ自体としては、まったく正しい発言である。しかし正しくても説得力のない言葉があり、この核武装云々がまさにそれに当たる。

アメリカは日本の核武装に反対するであろうこと、中国も猛反発するであろうこと、国内の平和主義者が核武装に賛成するものに襲いかかるであろうこと、そして戦後日本人にみずからが手にした核兵器をきちんと管理する能力があるかどうか怪しいこと、それらの事情にも直接あるいは間接に言及するのでなければ、核武装論議の提言が宙に浮いてしまう。加えて、そのような重要かつ危険な提言をなす場合、ＴＰＯ（時と所と機会）をうまく選ばなければならないのであって、娯楽雑誌で思いの丈を述べる、というのは、高官としては、愚の骨頂に近い。

西村真悟氏を槍玉に挙げたくてこんなことをいっているのではない。私の強調したいのは、指導者たるものの主たる義務として、決断力に勝れているばかりではなく、説得力においても秀でていなければならないということである。この間の政治改革においてリーダーシップのある政治家を、という声はたくさん聞かれたが、リーダーシップの何たるかが明確にされていたというわけではない。たとえば、人々から豪腕、辣腕《らつわん》と褒めそやされながら、あらゆる決断が陽の目をみない、という始末になった指導者すら生まれたのである。そうなったのは、私のみるところ、関連する組織の人間たちを、そして世間一般を、巧みに説得してみせる言葉の力量がその（自称他称の）指導者になかったからである。

利口で卑劣な民衆

そういう代表者しか選出しない民衆をさして、ホセ・オルテガという哲学者は、マス（大衆）とよんだ。留意しておくべきは、マスは単なる衆愚ではないということである。その証拠にマスは、自分らの代表者たちの欠陥を逸早《いちはや》く見抜いて、指導者をその地位から次々と引きずり降ろし、そうすることをもって民主主義の昂揚とみなしている。私は低い地位のものであるから率直にいわせてもらうと、利口で卑劣な民衆、それが大衆なのだ。いうまでもないことだが、大衆社会を肯定する方向でオピニオンとやらを発表している政治家や知識人は大衆の見本にすぎない。

デモス（民衆）がカキストス（最劣等者）になるとき、デモクラシー（民衆政治）はデマゴギー（民衆扇動）によって支配される、というよりカキストスとしての大衆はデマを楽しむようになる。ふたたび率直にいえば、マスメディアとは大衆にそうした娯楽を供する場所のことなのだ。したがって、政治家や知識人が（TVをはじめとする）マスメディアに顔を出すことによって人気を博そうとしたとて、結局のところは、逆効果に終わる。つまり、マスメディアの視聴者や読者は、それら指導者を自任するものたちに誹謗中傷、揶揄《やゆ》批難をあびせかけるべく待ち構えているのである。

とはいえ、自分のオピニオンを効果あらしめようとすると、好むと好まざるとにかかわらず、そういう場所にしばしば顔を出さざるをえない。そうであればこそ、現代の指導者にはかつてより何倍かする説得力が要求されるのである。ボディランゲジのことも含めて言葉づかいの訓練をきちんと積む、それが指導者の要件となる。昔のように、腹芸は口芸に勝る、などと暢気《のんき》に構えているわけにはいかないのである。相も変わらず暢気な政治家や知識人がマスメディアに陸続と登場したせいで、この国の政治や言論がどれだけ乱れたことか、計り知れぬものがある。

言葉づかいの巧みさは、言葉が歴史の産物である以上、個人の才覚にするというよりもむしろ、伝統の精神をどれだけ身につけているかに大きく依存する。どんな意見や理論もいかなる前提や枠組をおくかによって左右されるのであり、そして説得的な前提・枠組は歴史の英知とでもよぶべきものによって与えられるのだ。「言語的動物」たる人間は「歴史的動物」でもなければならない、という根本的な意味合いにおいて、人間は、とりわけ人間社会の指導者は、保守思想に立脚するほかかないのだ。

90年代日本の(政治におけるものをはじめとする)混乱の根は、「改革」の美名によってこの保守思想が粉々にされた、ということに由来している。このことに気づかないかぎり、新世紀には「2000年代問題」というのが適切なような混迷状態しか見通せないのである。

❻アメリカの幼稚な帝国主義

（2000年1月）

個人にあってはかなりの頻度で起こることなのだが、民族や国民にあっても、何十年かの混乱や衰弱の果てに、その性格を一変させる場合がある。スペイン艦隊の敗北のあと、その国は深い昏睡状態に沈んでいった。第一次大戦で疲弊してからのイギリスもそれに類似した経緯を辿っている。大東亜戦争後の日本とて、経済への過剰適応という形で、政治的および文化的な禁治産者へと転落しているといって過言ではない。古代文明まで溯れば、ギリシャやインカなど、その国民的な活力が、絶頂に達するのに続いて、崩落の憂き目にあった例はたくさんある。それまで隠されていた潜在的な性質が表面へとせり出してくるのか、それとも状況の影響によって新たな性質が形づくられるのか、いろいろな場合があるのであろう。いずれにせよ、観察可能な次元において、ある国民が異常とみえるほどの質量でみずからの国民性を変化させるということは、ないわけではないのである。

今のアメリカはまさにそうした異常変化のさなかにあるのではないか。陽気で善良で責任感が強い、それがかつてのアメリカ人のイメージであった。しかし、少なくとも国際社会に登場してくる際の姿でいうと、最近のアメリカ人はすっかり様変わりしていると私にはみえる。つまり、過ぐる世紀末の10年間、アメリカ人は狡猾で乱暴で無責任な態度を、とくに外交面において露骨に示しているということだ。

世界秩序を破壊する覇権

その典型ともいうべき事態が、師走の初旬、シアトルにおいて発生した。そこでＷＴＯ（世界貿易機関）の総会が開催されていたのだが、アメリカは、傍若無人を絵に描いたような振る舞いで、自己の個別利益に固執し、世界各国の要求を足蹴にしつつ、会議を流産へと追いやったのである。これが世界で唯一最強の覇権国のなせる業かと私は呆れ返っている。私の感想それ自体はどうでもよいとしても、世界秩序を破壊する覇権、そんなものによって導かれる新世紀には濃い暗雲が垂れ込めていると予測して大きく間違うはずはないのである。

シアトル会議は、ＮＧＯ（非政府組織）の環境運動団体が貿易の自由主義を環境破壊の咎《とが》で指弾する、しかも実力行動をもって攻撃する、といった異常事態とともに始まった。その行動の法律的、政治的な意味合いは別として、無規制の経済自由主義が各国の自然環境のみならず歴史環境を破壊するというのは本当である。そんなことは我が国における都市田園の荒廃ぶりをみれば一目にして瞭然なのであって、この意味でも、90年代の日本における規制緩和運動の誤りはしっかりと記憶されるべきなのだ。経済における自由主義、文化における規制主義、という二本立ての標語を掲げたとて、経済と文化は内的に連関しているのであるから、そんな政策における両刀遣いは欺瞞以外の何ものでもありはしない。

シアトル会議に話を戻すと、アメリカはまず「反ダンピング法の世界的普及」の必要を訴えた。すでに物作りにおいて劣等ぶりをさらしているアメリカの多くの産業が、他国の良質で安価な製品をダンピングの容疑で締め出そうと努めていることは広く知られている。しかも悪名高い訴訟社会のアメリカでは、三百代言も同然の法律家たちが、白を黒として断罪するのに、類まれな努力を傾注し、そしてそれにふさわしい成果を挙げている。そういう所業を世界の各国が嫌うのはむしろ道理に叶っているのだが、アメリカは法匪《ほうひ》よろしく反ダンピング法を正当と言い張ってやまなかったのである。

次いで、欧州や日本の農業保護関税にたいしてアメリカは攻撃を仕掛けた。農業保護は、食糧安保の見地のみならず、コミュニティ作りという文化の視点からも、一定程度、正当化されうるものである。百歩下がっても、自国の工業を反ダンピング法で保護し、他国の農業を保護関税撤廃で破壊しようというのは、「自国の権益の強引な伸長」に熱中するという意味での帝国主義にほかならない。いや、みずからの帝国「主義」をカムフラージュするよう配慮するのが大人の帝国というものであり、アメリカのそれはアンファン・テリブル（恐るべき子供たち）の帝国だとしかいいようがない。

そしてアメリカは、「労働基準法の世界的画一化」をまで主張した。つまり、発展途上国における少年労働などを禁止する、というよりそのようにして製造された発展途上国の製品に罰金を科そうというのである。たしかに共通の価値によって基礎づけられなければ、どんな社会も長持ちしない。だから国際社会にあっても、何らか普遍的な人権の観念が必要ではある。しかしそれは国際社会が討議を通じて求めていくべきものであって、どこかの国の現実を世界の共有すべき価値として押しつけるのは、それこそ他国民の人権を無視する傲慢な態度といってよい。最近のアメリカには、他国の歴史、文化、習慣、伝統にたいするトレランス（忍耐と寛容）がまったくみられない。まさにエスノセントリズム（自国民中心主義）の権化、それがアメリカだといって少しも誇張ではないのではないか。

「権益の伸長」にのみ熱中

アメリカがこうした理不尽をつらぬこうとするのも、自国の事情にのみ気をとられているからである。つまりアメリカでは大統領選挙の準備が始まっており、したがって各種の圧力団体の要求に迎合するのが、当分のあいだ、アメリカの政治家（およびホワイトハウスに左右される政府官僚）の至上命令になっているということだ。世界秩序の中心にいるものが、世界を蹴飛ばしてでも自国の秩序に従わせようとする、というのはまったくもって言語道断である。あげくに、グローバリズムの名によってグローブ（地球）を蹴り上げようというのであるから、アメリカのやっていることをヴァンダリズム（文化破壊の野蛮行為）とよばずして何とよぶのか。

それにしても情けないのは日本の首相である。クリントン大統領からアメリカに従えとの電話があっただけでも恥さらしであるが、シアトル会議が流産したあと、首相は「自由貿易は大事です」とだけしか発言しなかった。環境運動の過激派は永田町に実力行使を仕掛けるべきであった。

自由主義の名目で世界を破壊するアメリカに皮肉の一つでも差し向けるのが日本の首相のとるべき態度と思われる。それなのに、小渕氏にできたのは自由賛成の空文句を小声で繰り返すことだけであった。

アメリカ帝国主義は、内政では民主主義、そして外交では自由主義、というふうにイデオロギーを使いわけている。つまり自国では「多数派の専制」を、そして他国には「少数派の横暴」を押し付けている。これが冷戦構造の解体のあとに生じた、勝利せるリベラル・デモクラシーの現実である。こんなことでは、最大の2000年問題は、アメリカニズムの野蛮にいかに抗するか、ということになるに決まっている。

反米主義を煽りたくてこんなことをいっているのではない。どだい、アメリカを批判すると、反米だ嫌米だと騒ぎ立てるほうがどうかしている。その証拠に、アメリカは日本の欠点や失敗を10倍に膨らませて日本批判をたくましくしてきたではないか。これからは日本側も、相手の傲慢や蛮勇をピュエリリズム（文化的小児病）とよんでからかってやるべきなのだ。

❼サイボーグに宣戦布告せよ

（2000年2月）

ニューミレニアムがやってきた。新世紀にはあと1年あるが、暦の最初の数字が1から2へと変われば、キリストの誕生について無関心な日本人の気分はすでにニューセンチュリーである。

ついでに言っておくと、「善悪の最終戦争」によるハルマゲドンのあとに神の意志が降臨する千年がやってくる、というキリスト教方面の神話のことなどにも日本人は興味を持っていない。要するに、カレンダーの数字が区切りよく変わることそれ自体に興奮してみせている、それが年末年始の光景なのであった。

最初は興奮などはしていないのに、興奮の素振りをしているうち本当に興奮してしまう、という児戯に類した振る舞いの典型は、かの2000年問題であった。私は、それは大山鳴動して鼠一匹に終わるに違いない、と予告しておいたが、それは私からみれば、小渕首相みずからその問題への対策のために大晦日の深更まで待機しているの図は滑稽至極としか映らない。2000年問題のことよりも、そこに「祭りの前夜の子供たちの興奮」といった調子がみてとれて、チャイルディシュな国民だなあ、との感を深くしたという次第である。

そんなことで気分を盛り上げているくらいなら、年末のテレビにあったあるアメリカ報道で気分を落ち込ませているほうがはるかにまっとうである。それは、ロスアンジェルス市だけでホームレスが25万人という、アメリカにおける所得格差の拡大を報道するものであった。我が国は、おそらく、国全体でその程度の数字だと思われるが、ともかく、世界に一極支配を及ぼしつつある覇権国の実情は眼を覆いたくなる類に属しているのだ。ニューミレニアムだの新世紀だのと騒ぐよりも、そんな国によって制覇される人類の近未来について、思案投首しているほうがよほどに健全であろう。

などと思いつつテレビ映画のほうに目を転じると、今に始まったことではないものの、サイボーグやら宇宙人の行列である。自慢でいうのではないのだが、二十余年前にアメリカで暮らしていた折、子供連れで「スターウォーズ」を観たあと、私は、「そのうち北米大陸はジュラルミン色に変色して宇宙に飛び立つのではないか」と書いておいた。つまり、そうした純技術的なコスモスをしか想像できないほどに、アメリカ人の精神構造は衰弱していると私には思われたということである。

ＩＴとＶＳの憂うべき未来

映画のことはどうでもよいとして、世にいわれているＩＴ（インフォメーション・テクノロジー）もＶＳ（ヴェンチャー・スピリット）も、しょせん、人造人間にふさわしい頭と体の動き方というべきではないのか。21世紀がＩＴとＶＳの時代になるのだとすれば、それは憂うべき未来

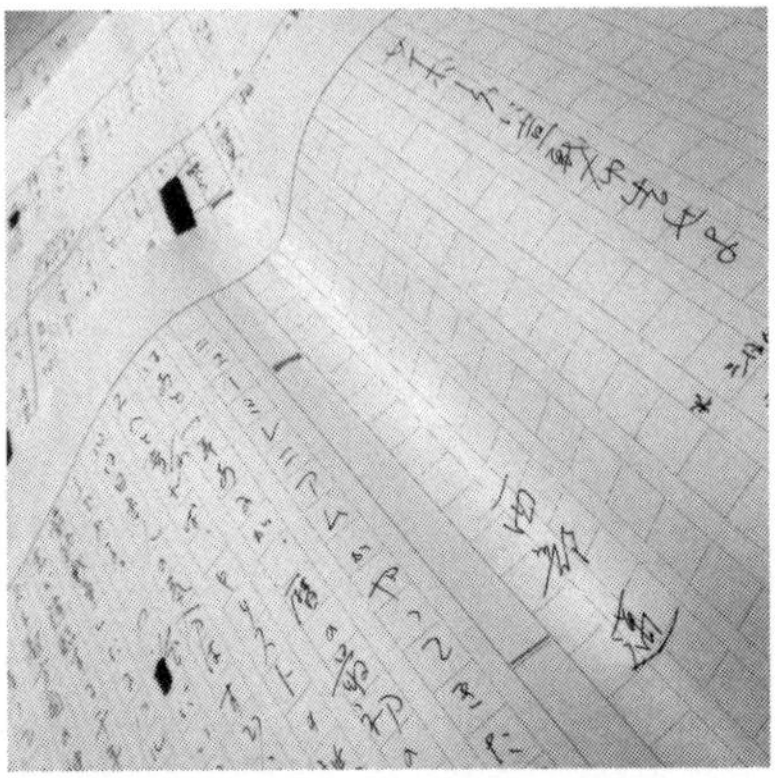

である。そうとわかれば、皆して盛大に憂えてみせたほうが、そういう時代の到来を少しは遅らせることができる、と構えるのが良識というものであろう。

　たしかに、金融方面での収益率をめぐる競争や、軍事方面でのキル・レイショ（つまり殺人におけるコスト・ベネフィット率）は、ＩＴとＶＳが存分に活躍するに違いない。そして金融競争も軍事戦争も見通すかぎりなくならないのであってみれば、我が国もＩＴとＶＳをしっかり身につけた人材の育成に着手しなければならないということになりもするであろう。しかし、サイボーグならざる人間の社会にあっては、そういう特異な人間の割合をある範囲内に押さえておかないと大変なことになる。そうしなければ、人間を人間たらしめている「情報操作の能力」がきわめて偏ったものになってしまう。

　正月早々、自分のことに何度も触れて恐縮だが、おめでたい正月だということで許してもらえば、私の手には「チーム図式」という結構な代物が20年以上も前からあるのである。その図式は情報の意味にかんするもので、情報の意味（機能）は、トランスミッション（Ｔ、伝達機能）、エクスプレッション（Ｅ、表現機能）、アキュムレーション（Ａ、蓄積機能）そしてメジャメント（Ｍ、尺度機能）の四つからなるということをさしている。つまりそれら四つを合わせてＴＥＡＭであるから、チーム図式とよぼうというわけだ。

今いわれているITは情報の伝達機能（T）を膨らませ、そうすることによって情報の歴史的蓄積（A）や文化的基準（M）をどんどん粗末にしていく。そんなことはインターネットにのめり込んでいる連中の貧相な顔つきをみたり、彼らの浅薄な会話を聞いたりすれば、すぐ見当がつくことである。またVSは情報の表現機能（E）を先鋭かつ鮮明にするだけで、それも歴史的文化（AとM）を破壊する。換言すると、アメリカの覇権とは、あまりにも壮大な歴史的蔑視と文化破壊における強烈な主導権のことなのだ。

そういえば儒教方面に「王道」という概念があった。それは（歴史と文化にもとづく）「徳」を大事とする為政の形をなす。そして王道を忘れて権力の操作に明け暮れするのが「覇道」である。アメリカが入手しようとしているのは王道ではなく覇道であり、そんな道を往こうとする国は、晩かれ早かれ、道半ばにして挫折するというのが世界史の常識である。

いずれにせよ、ニューミレニアムや新世紀について論じるべき第一の課題は「アメリカ・プロブレム」である、より正確にいうと「亜米利加・一つの巨大な難問」でなければならない。アメリカ人たちは、4、5年前まで、日本および日本人の欠陥や失敗を針小棒大にあげつらって、事あるごとに「ジャパン・プロブレム」を指揮していた。本来、今度は我々日本人が「アメリカ・プロブレム」について言挙げする番ではないのか。

人間精神の窮乏化の姿

歴史蔑視と文化破壊をグローバルに押し広げるのがアメリカのナショナリズムである。ルソーの用語でいえば、そのITとVSを強調するグローバリズムは断じて人類の「一般意志」などではありえない。なぜなら、歴史蔑視と文化破壊を望む気持が人類の精神の奥底に一般的に胚胎しているとはとても考えられないからだ。そのグローバリズムはアメリカの「個別意志」を人類の「全体意志」に昇格させようとする野望以外の何ものでもありはしない。そんなものに魂を吸いとられた日本の知識人があまりにも多いところをみると、日本はすでにアメリカの51番めの州になってしまったのかもしれない。

Ａ（過去の蓄積）に基礎づけられないＥ（未来への表現）は、かならずや、刺激的ではあっても持続性を持たないものになる——それゆえに、つねに刺激的表現を創造しようとする結果、人間の表現活動が次第に狂気染みてくる——。またＭ（文化の尺度）に根拠づけられないＴ（社会への伝達）は、間違いなく、流行への埋没をもたらす——したがって、いつも流行に適応しようとする挙げ句に、人間の伝達活動が少しずつ喧騒染みてくる——。

これがアメリカの一極支配によってもたらされる人間精神の窮乏化の姿である。それを甘受できるのは、やはり、サイボーグだけではないのか。人権という空疎な理念をアメリカ人たちがまきちらかしているのは、彼らに人間離脱の自己不安があるからだと私は考えている。旧世代の日本人たる私としては、サイボーグ軍への宣戦布告をしなければならぬわけである。

❽「憲法調査会」のみっともない及び腰（2000年3月）

1月末、国会に憲法調査会が設置された。1950年代の後半に岸信介内閣が同じく憲法調査会を設けたが、それは内閣に所属するもので、国会への所属と比べたら、公的性格が弱かったといえる。いずれにせよ、湾岸戦争以来の我が国の醜態、つまりカネは出すがヒトは出さないといった類いの、国際貢献における失態を反省するといった方向で、日本国憲法を再吟味しようというわけである。また、ついでに、というと語弊があるが、戦後半世紀余のあいだに生じた憲法をめぐる理念と現実の隔たりを再調整しておこうとのもくろみもあるに違いない。たとえば、靖国参拝や私学助成という違憲の疑いが寄せられている問題を、憲法のなかにどう位置づけし直すか、ということである。

憲法調査会はないよりもあったほうがよい、それは新世紀へ向けて日本が国家をいかに再建するかの一つの有力な手がかりになりうる、というのが大方の意見のようである。しかし、この間のあらゆる「改革」がそうであったように、改革一般を是とすることはできないのだ。なぜといって、改革には改善と改悪があり、そして90年代に起こったことは、改善のつもりのものが改悪をもたらした、という笑えぬ冗談の見本みたいな事態であったからである。

そういえば、6、7年前のことであったか、「読売改憲試案」が発表された。そのときも、憲法を論議するのはよいことだと評価されていたが、私のみるところ、それは現憲法よりも劣悪な条文を多々含む内容の改憲案にすぎなかったのである。一言でいえば、（アメリカ軍が草案を書いた以上は当然のことであるが）アメリカニズムに汚染された現憲法にさらにたっぷりとアメリカニズムを注ぎ込む、それが読売試案の根本的性格なのであった。ほかの言い方をすると、日本の歴史・慣習・伝統にもとづく形で国民および国家の根本規範を定めるのではなく、アメリカ流の個人主義や自由主義や権利主義をさらに徹底させるような表現に、その試案が大きく傾いていったということである。

封じられた改憲発議

憲法調査会のことに話を戻すと、民主党や公明党の参加をとりつけるための政治的妥協なのであろうが、この調査会は「憲法改正の発議はしない」ということになっている。つまりこの調査会は、改憲のためのものではなく、「論憲」のものだというのである。とりあえず憲法について論じましょうというのだから、語るに落ちたという他ない。半世紀余、かまびすしい憲法論議が続いてきたが、それは内容の薄い議論に終始してきた。だから突っ込んだ内容の論憲をやりましょう、との提案である。それはそれで結構な成り行きとも思われようが、改憲発議をあらかじめ封じておこうというのでは、その突っ込みが及び腰であることはみえみえである。

論憲に真剣に取り組むのなら、調査会に参加する各政党は、改憲の大綱くらいを試案として前もって公表しておくべきではないのか。また、憲法の施行からすでに53年が経っているのであるから、改憲試案をまだ持っていないというのは、政党として怠慢の咎《とが》に当たるというべきではないのか。さらに、議論というものの一般的な性質からしても、互いに異なるそれぞれ明確な意見をぶつけ合うのでなければ、下手な考え休むに似たり、の結末になる恐れ大といわなければならない。

ましてや憲法論議には、アメリカニズムの延長戦をさらに進むのか、それとも日本のナショナル・アイデンティティ（国民性）を確認する方向へと舵を切り換えるのか、という対立が予想されるのである。少なくともこの間の政治過程からみるかぎり、民主党は（いや自由党の大半も自民党の過半も）アメリカニズムのかざす人権主義に疑いをさしはさんではいない。日本の歴史的良識こそが憲法の根幹だという考えはまだ微弱にとどまっているのである。

その良識には、「義務がなければ権利もなし」、「責任がなければ自由もなし」、といった根本規範の感覚が含まれている。それのみならず、義務や権利（そして責任や自由）の具体的内容は何かとなると、それは日本の（アメリカのとは異なる）国民性によって指示される、とみなすのが歴史的良識というものである。

問われているのは、「人間の権利」という抽象的な理念を始発点として憲法の体系を書き記すのか、逆に、歴史的存在としての国民は「伝統にもとづく具体的なルール」に従わなければならず、そのルールの中で権利と義務が相補的なものとして確認されるのか、という憲法観の違いなのだ。たとえば、現憲法において「公共の福祉に反しないかぎり国民の自由は尊ばれるべきである」という内容の規定があるが、肝心の「公共の福祉」がどのように既定されるのかについては一言もない。それどころか、現憲法の総体的な性格からすれば、現在世代の多数派の意見や欲望に沿うのが公共的ということなのだ、と解釈される。その結果、「他人に迷惑をかけているわけではないのだから、少女売買春のどこが悪いの」といったような権利思想が戦後日本に花開くといった有様になったのだ。

旧ソ連ほどではないとしても、アメリカは「壮大な社会実験」として国家を形成せんとしてきた国である。ここで「実験」というのは、抽象的な理念にもとづいて、過去の経験に問うことなく、未来への冒険に着手する姿勢のことをさす。そのような姿勢を支えるのが、国家は「合理的諸個人」のあいだの「社会契約」として形づくられる、という国家観である。旧ソ連の歴史破壊というやり方とアメリカの歴史不在というあり方は、表面でいくら敵対しようとも、過去の切断という一点において、同根といってよい。戦後日本の論憲は、しょせん、ソ連型の社会主義とアメリカ型の個人主義のいずれかに接近するかという伯仲——伯は兄であり仲は弟である——の争いにとどまっていたのである。

亡国の小唄を歌いつつある

歴史なきものとしての「人民」の憲法ではなく、歴史あるものとしての「国民」の憲法をめざす、それが憲法調査会の進むべき道でなければならない。そう構えておかないと、憲法9条という（現実政治の上では重要だが）思想的にはその過誤を容易に指摘できるような条項について各党が一致して改善に向かったとしても、そのかわりに、（たとえば男女間の悪しき）平等主義をふくらましたり、（たとえば政教分離を拡大解釈して）宗教や道徳への健全な関与をも国家に禁じたり、（たとえば地方分権主義の誇張として）地域エゴにより国家を解体させたり、（たとえば「知る権利」を強化して）マスメディアの横暴をいっそう促進したり、といった結末になりかねないのである。

実際、新世紀の入口にあって、日本人の心のうちに高まっているのは、国柄の喪失、国益の損失そして国策の消失にかんする不安なのだ。つまり日本人は亡国の小唄を少しずつ声高に歌いつつあるのではないか。論憲とやらを、自衛隊をどうするか、といったようなそれ自体としては（思想的に）矮小な問題に限定してはならない。日本人が国民としての誇りを取り戻すのを促すような改憲論、それがただちに開始さるべきである。しかし、いったい誰が猫に鈴をつけるのか。「戦後」の思想の代表者たる政治家や知識人にその勇気があろうはずもない、ということくらいはわきまえておこうではないか。

❾「専門人」による言葉の破壊

（2000年4月）

国家の政策決定に参加したがる知識人が後を絶たない。しかもその知識人たるや、学者のみならず評論家やジャーナリストにおいても、「専門人」にすぎないのである。専門人が政府の相談や諮問や審議依頼に応えて、あれこれの政策を提案する。その立案過程が実際には政府官僚の主導によるところが多いのであれば、ともかく、知識人たちの専門的検討を経た上での政策であるということが、世論の支持をとりつける点で好都合なのである。

ここにこれまで議論されてこなかった一つの大きな論点がある。それは「専門とは何か」ということにほかならない。たとえば金融「問題」の専門人というものがいるのならば、その問題の解決は金融専門の知識人に任せるのがよろしいということになる。しかし、世人は驚かれるであろうが、実は、金融「問題」の専門人というのはいないに等しいのである。現にいるのは、金融問題の貨幣的「側面」にかんして、金融理論や市場理論などを応用することのできるエコノミストであるにすぎない。

私のいいたいのは、純粋貨幣現象としての金融問題などはこの世に存在しないということである。金融といえども、企業や家庭や政府の実体面と無関係ではおれない。それゆえ人間の金融活動にかかわる文化的な価値や社会的な慣習や政治的な権力のことを、さらには（情報技術などにかかわっては）技術的なシステムのことを、それぞれ専門的に理解できるのでなければ、金融問題の専門人にはなりえないわけだ。金融のように貨幣の側面が大いに肥大化している現象においてすらそうならば、他は推して知るべしである。経済のことについていうと、一般的にいって、経済問題などは存在しないのであって、どんな問題も経済的、文化的、社会的、政治的等々の多側面を有しているとみなければならない。専門人は、たかだか、所与の問題の一つの側面を撫で回す能力を持っているにすぎないのである。

他の諸側面のことをほとんど何も知らないのに、あるいは世論でいわれている程度のことを知っている素人にとどまるのに、なぜ専門人は偉そうな振る舞いでその問題への処方箋を書くことができるのであろうか。理由は簡単で、その問題の「総体」にかんする解釈を世論の水準に合わせているせいで、その問題にたいする自分の構え方は世論の支持をとりつけていると得心しているからである。つまり、専門人の世論迎合、それが彼の処方箋を正当化してくれているわけだ。たとえば、政府官僚が民間企業の市場活力の邪魔をしているという世論に符丁を合わせて、規制緩和の必要にかんする市場分析を展開するエコノミストが山ほど出現するという有り様になる。

児戯も同然「英語公用語化」

専門人は、結局のところ、問題の特定の側面のみを評して、問題の総体にかんする解釈については（大いにしばしば俗悪な）世論に寄り添っている。このことの最近の事例は、首相の諮問機関たる「21世紀懇談会」なるものによって提起された「英語第二公用語化」の方針であろう。その懇談会でねんごろに喋り合っている学者たちは、少なくともその過半は、国語問題の総体を、「高度な情報技術による世界の均質化」つまりグローバリゼーションという姿においてとらえている。そして、インターネットをはじめとするＩＴ（情報技術）において国際共用語（あるいは世界普遍語）となりつつあるのは英語なのであるから、日本人も英語のリテラシー（読み書き話し能力）を高めましょう、とその懇談会が鳴物入りで世間に訴えている。

くどくどいう必要もあるまいが、まことに馬鹿丸出しの提案ではある。あっさりいって、第一に、学校における英語の授業時間を2倍、3倍に増やしたとして、「国民」の英語リテラシーが目立って高まるということなどは起こりえない。とくにその会話能力は、仕事や暮らしの上での日常的な必要がなければ、どんなに努力しても微々たる進歩しか遂げないのである。そういう必要に迫られている人々に英会話が上達する機会をどんどん増やしてやる、というのは有効な策でありえよう。しかしそれを国民全般にたいする提案とするのは、たとえば日本がアメリカの植民地になったような場合に要請されることであろう。

第二に、一日は24時間と決まっているのであってみれば、それは学校でいうと、英語以外の授業を減らすことを意味する。子供たちの学力の低下は英語においてのみ生じていることではない。いったい何の理由があって、日本の将来世代から国語や歴史や数学や理科にかんする教育を奪いとるのか、彼らのねんごろなお喋りはほとんど犯罪の域に達しているといって過言ではない。

第三に、英語による会話を勝れたものにするのは、外国人と話したいと思う「気力」とその話の「内容」である。逆にいうと、無気力にして無内容な精神の持ち主にあって、英語の単語や文法を駆使する技術的な能力がしっかりと身につくということはありえないのだ。仮にそういう能力を保有しえたとしても、口を開けば資本の収益率と機械の運転法、といったような（日本のビジネスマンによくみられてきた）会話は、国際社会の笑いものとなって御仕舞いであろう。会話にあって大事なのは教養とユーモアなのだが、良き会話への第一歩は自分の母国にかんする関心と知識だ、というのはほぼ不動の真理である。

私は英語第二公用語化そのものに反対しているのではない。それに伴う（他の諸側面にかんする）変化を一つも吟味しないで、グローバル化の時代だから、インターネットの時代だから、英語でいきましょう、といった類の児戯も同然の答申を、我らの首相に差し出してもらいたくない。またそんな答申を有り難そうに受けている人物を我らの首相に戴きたくもない。私のいいたいのはそのことだけだ。

英語の堕落「アメリカ語」

グローバルのことをいうのならば、英語がグローバル・ランゲジになるにつれて、英語そのものが俗悪化することにもっと配慮してみたらどうなのか。量的な普及が質的な悪化につながる、それがギリシャ・ローマの昔からの国際語の運命といってよい。ローマの版図が拡大するのに比例してラテン語が俗流化させられていったのは有名な史実である。アメリカ語そのものが英語の堕落形態であり、そのアメリカ語をさらに俗悪化させるものとしてインターネット英語がある。そんな精神の低みにみずから飛び込むというのは国民の自殺行為以外の何ものでもありはしない。

日本人が平均として喋れるのは、へたくそなジャパニーズ・イングリッシュにとどまる。そのことをくもりなく自覚していれば、せめて日本語にあっては達者でありたいという願望も努力も強まるであろう。なぜといって、人間は、どんな時代がやってこようとも、言語の動物でしかありえないからである。はっきりしているのは、言語は現在世代の発明品なんかではないということだ。気の遠くなるような過去から、想像もつかない歴史の試練をくぐりぬけて、現在世代に伝え残されしもの、その代表が国語である。そういう貴重なものを、現在世代が、ましてやナントカ懇談会が、破壊してはならない。そう思うのが、言語的動物たる人間の生を豊かにするための第一条件ではなかろうか。

⑩ 政権交代にみる時代精神の「縮小均衡」（2000年5月）

病に倒れた小渕恵三前首相に代わって、森喜朗氏が新首相となった。といっても新政権のなすべきことは、残存している法案を国会でほぼ機械的に通すことと、6月後半と見込まれている総選挙を管理することだけである。しかし、そこで自公保の連立内閣が出来上がるとすれば、慣性の法則のようにして森氏が首相になるのはまず間違いない。森氏は、その立派な体格には不似合なほどに、如才なく周囲に気を配る方と見受けた。森氏もまた、小渕氏と同じく、いわゆる調整型の政治家に属するといってさしつかえあるまい。

だが、ここに奇妙な事実がある。それは、小渕政権においてかなりに大胆な政策決定がなされたということである。その内実についてはいろいろな議論が可能であろうが、国旗国家法や通信傍受法に始まり憲法調査会や教育改革国民会議の設置に至るまで、少なくとも体裁においては、いくつものエポック・メーキングな施策を小渕政権は実行したのであった。さすれば、調整型か決断型かという政治家像における二者択一には無理があるのであって、調整にもとづいてこその決断、そして決断へむけてこその調整、という二者両立が賢明な政治だといわなければならない。

指導力への再考を促す

このことはリーダーシップなるものについての再考を促す。普通、指導力は決断力と等置され、即断即決の能力が指導力の大きいことの証しだとされている。しかしこれは短絡せる見方なのだ。正しくは、指導力はその下部において説得力を、そしてその上部において決断力を備えていなければならないのである。さらにもう一歩を進めていえば、それらの下部と上部を繋ぐのが演技力であって、巧みな言葉のパフォーマンスがあってはじめて、説得が決断に結実していく。

小渕氏や森氏における難点は、その演技力が単なる雄弁術に終わりがちだという点ではないだろうか。つまり言葉は流暢なのだが、話しが内容と迫力に欠けるのである。それもそのはず、まず話しの内容は知識の質量に依存する。政治家自身が立派な知識を保有している必要はないものの、知識人の優劣を見分ける判断力くらいは持っていなければならない。両氏にかぎられたことではないとはいえ、審議会や諮問会に集められている知識人の顔ぶれは、あまり上等とはいえない。察するに、今時の政治家は――ついでにいうと、その顔ぶれのリストを立案している政府官僚たちも――知識には本格的な関心がないのであろう。せいぜいが、当座の説得活動に束の間だけ役に立つ（知識というよりも）情報を提供してくれることを知識人に期待しているのである。

また話しの迫力は決断における理念の強さに依存する。そして理念の強さは、その政治家が、どれだけ広く深く、過去に遡及しつつ未来を展望するかによって決まる。政治家をはじめとして現代人の視界はマイオピックつまり近視眼的にすぎる。あるいは、現在の単なる延長でしか未来や過去を眺めない、という悪弊がある。だから、政治家がその一つの見本を供しているように、迫力のない話しを垂れ流すのである。

結論的にいうと、自民党の政治家たちは、さすが最大与党の人材だけあって、説得力と決断力の両次元をそこそこ保有している。それに比べると、野党の政治家たちは説得なき決断や決断なき説得に傾く嫌いがある。しかし説得と決断の両方を兼ね持っていても、知識の乏しい説得や理念の貧しい決断ということなら、それはいわば言葉における縮小均衡であって、そんな縮退せる精神から内容と迫力に満ちた演説が繰り出されるわけもない。

しかし政治家はまだしもましだとすべきかもしれない。最後には一人で責任を取らなければならない立場にいるせいなのであろう、政治家は比較的に広い視野を持ち、その言葉も相対的に活力がある。経済人や（専門主義化された）知識人ときたひには、あたかも実際に即したり情報にもとづいたりしているような口振りではあるが、彼らの演説の有効賞味期限はたかだか1週間というのが通り相場になってきつつあるようである。

首相に調整役を求める世論

その証拠を身近な例で示してみると、「調整型の政治家は要らない。だから小渕首相には期待できない」というのが彼らの主張であったはずなのに、小渕氏がちょっとでも調整の仕事を怠けると、世論はそれをこぞって非難したのであった。言及するのも恥ずかしいのではあるが、あえてそうしてみると、いわゆる2000年問題で前首相が大晦日に徹夜したのは世論の圧力のためである。私は、日本人には珍しく、そんなのは捏造された問題だとからかっていたが、篤実なる我らの前首相は、その大問題とやらのせいで、泊まり込みの態勢に入ったわけだ。それを危機管理にたいする責任感の表出とみるのは間違っている。何か大事件が起こったら首相にすぐ電話を入れればよいだけのことで、小渕氏が寝ずの番をやったのは、察するに、みんなと苦労を共にしたという演技をすることによって、国民の気分を調整しようとしたのである。

さらに恥辱的なのは、新潟で9年間にわたって拉致されていた少女が発見されたとき、首相が床屋にいっていたことが国会で指弾されたことである。これは、向こう三軒両隣、みなして同じことをやっていないと村八分にするという悪習のせいであって、誠実なる我らの前首相は、自分が床屋で散髪されていたことについて、しどろもどろで弁解しておられた。同様に羞恥を覚えるのは、有珠山の噴火で、小渕氏がふたたび寝ずの番をやろうとしたことだ。北海道出身の私としては、ただでさえ疲弊している北海道がこの噴火騒ぎで追い討ちをかけられるのに胸を痛めている。しかし首相が官邸で眼を開いていたとて噴火が収まりはしない。火山の爆発に人為は及ばないのであるから、準備を怠りなくやってあとは眠りに入ればよいだけのことである。繰り返すが、小渕氏がこんな振る舞いをしたのは、日本人が首相に世話役の調整仕事をするよう陰に陽に要求しているからなのだ。

そして最後に、説得なき決断の天才児のような小沢一郎氏に責め立てられたあとで、小渕氏は倒れた。この過程は、病人には失礼な言い方だが、ポンチ絵のようなものである。高度情報のための「ネット」の時代だといわれているが、心理や感情のネット（網み目）がそう簡単に変わるはずもなく、結局、「戦後」に特有の精神の縮小均衡過程が小渕氏の脳血管を梗塞に追い込んだのである。情報ならぬ知識は、とくに政治にあっては、国民の歴史感覚や国民の伝統精神や国民の道徳感情に根差すものでなければならない。しかし国なき時代としての戦後において、こうした知識のための豊饒な土壌が涸れてしまったのである。

また、ますますアメリカの属国となる道にはまり込んでいるという現状において、理念の力も枯れるにまかされている。ＩＴ（情報技術）革命に突入するのを理念とするのは悪い冗談であって、そんなものはポルノやジャンク株の情報における露出表現と高速伝達を誇るだけのものに終始するに決まっている。このように、小渕氏から森氏への政権交代劇のなかに、現代日本の精神的矮小ぶりが縮図となって現れている。そうなのだと確認するところからしか、新世紀への見晴らしは開かれないであろう。

⑪ＩＴシステムは企業組織の替わりにはなりえない（2000年6月）

アメリカでナスダック（情報関連株式市場）の平均株価が低下の一途を辿っている。我が国でも、光通信のように、株価が最高時の30分の1以下に下がった情報企業も生じつつある。つまり、ＩＴ（情報技術）革命への熱狂にどうやら沈静の兆しが出はじめているわけだ。それなのに、メディア（情報媒体）は相も変わらずＩＴ革命の到来について、本気かどうかは定かではないものの、熱狂の振り付けをほどこすのに懸命である。それを受けて森喜朗新首相は、私には国辱とみえてならないのだが、沖縄サミットの主要課題はＩＴ革命だ、と欧米各国への歴訪において宣言しまくっている。

経済における株価変動と政治における政策表明がかくも離反していることそれ自体が、高度情報社会なるもののお粗末さを示して余りある。もっというと、株価がブーム（膨張）とバスト（破裂）の波間を漂っていることをみただけでも、高度情報社会がいかに熱狂に浮かされやすいか、またどんなに悲観に沈みやすいかをよく物語っている。さらに、そんな集団心理の状態に高度情報の名を付すのは悪い冗談だと気づくものがかくも少ないというのも、ＩＴ革命のうちの少なからぬ割合が言葉のブームであることの反映であろう。

米流企業統治のまやかし

「株価は当面の事情に左右されがちである」とよくいわれる。現にその通りではあるが、なぜそうなるかについてきちんと論評しているものはほとんどいない。いや、ことさらに論評しなくても、「株式市場では将来についてきちんとした長期予測がなされていない」からこそ、株価が短期の出来事に振り回されて不安定に上下するのだ、という常識くらいは持ち合わせていなければならない。この常識を踏まえておけば、「コーポレート・ガヴァナンス（企業統治）の権力を株主に渡すべきだ」というアメリカ流儀の頼りなさをすぐ見抜くことができる。

株価はどのようにして決められるのか。理論的には、株主集団の受け取るネット・キャッシュ・フロー（純現金流入）の、つまり配当受取額から新株購入額を引いたものの、（将来の危険プレミアムを含んだ意味での）利子率で割引いたプレゼント・ヴァリュウ（現在価値）の総和、それが株価（総額）である。そして株価総額が企業の価値にほかならない。また株主への純現金流入額は（経営者のがわからみれば）企業収益額から投資額を引いたものに等しい。だから株価は、長期の将来にかんする、企業収益見込と企業投資計画と（将来の危険度を加味した）利子率予想とに依存して決まるのである。

企業の将来収益、将来投資そして将来危険を実際に差配するのは誰か。いうまでもなく経営者である。もし経営者の将来計画が株主を説得しうるほどに確実なものならば、株価が短期の出来事で大きく変動させせられるいわれはないということになる。つまり、企業統治をめぐって今進んでいるアメリカ流のやり方は、換言すると、経営者の無能もしくは怠慢を意味するのである。だから、経営者が「雇用リストラ（首切）をしてでも今期の企業収益を最大にしよう」などと宣《のたま》うのは、みずからの責務を放棄するのに等しい。というより、それは経営者としては自殺行為に当たる。

なぜ雇用リストラのことに触れるかというと、企業の将来計画をうまく遂行するには企業の「組織」が是が非でも必要であり、そして組織は、その構成員を簡単に失業者に追い込むようなことはしない、という暗黙の約束の下に成り立つからである。組織は企業の直面する将来の不確実性にたいする最大の防波堤である。それを破壊するのに余念のない経営者なんかは、職務放棄どころか、企業の自己破壊を煽動し指揮した咎《とが》で罰せられて然るべきである。

ＩＴ革命家集団の陥穽

ところが、そこにＩＴをふりかざした革命家集団が登場して、最新のコンピュータのシステムが人間の組織の替わりをしてくれる、と煽動・指揮しはじめた。彼らは、それをさして企業のリストラクチュアリングとかリエンジニアリングとよぶように、騒擾を惹き起こしている。実際、アメリカ経済における生産性向上のかなりの部分がＩＴ革命の成果だといわれてもいる。今さらラッダイト（打ち壊し）の運動を始めるわけにはいかぬ以上、我が国もインターネットの活用を中心とするＩＴ革命に本腰を入れるべきだ、というのはしごくもっともな経営コンサルティングと認めねばなるまい。

しかし、肝心要の将来の不確実性にたいして計算機はどう対応してくれるのであろうか。それが明らかでなければ、人間の組織は不要だなどといえるわけがない。数理統計のことを少しでも知っているものなら、将来の不確実性が正規分布（という特別に扱いやすい確率分布）をなすと予想される場合にのみ、もっともらしい経営処方が計算機から打ち出される、とわかっている。より広くいって、確率分布が想定されるような不確実性をリスク（危険）とよび、それを想定できないような不確実性をデンジャー（危機）と名づけるとき、計算機によって対応できるのはリスクであってデンジャーではない。

そういえば、ＬＴＣＭなるヘッジファンドは、ロシアの経済危機を予想していなかったために、突如として倒産の瀬戸際に立たされた。ロシアのことにかぎらず、人間生活と社会制度を襲う不確実性は、多くの場合、新奇の（一回かぎりの）出来事にかかわって生じるものである。つまり、素粒子の運動や天候の変化をめぐって繰り返し生じる出来事についてならば確率分布を想定することもできようが、人間・社会についてそれを想定するのは、社会科学者たちの知的トリックに属するといってけっして過言ではない。

人間・社会の不確実性はデンジャーであることが多い。そのため、それへの対応は危機管理の姿をとる。いいかえると、管理し難きものとしての危機を管理する、という難業に人間・社会は取り組まざるをえないのである。それをコンピュータが担ってくれると楽観するのは、サイボーグ（人工頭脳）に魂を奪われているという意味で、サイコパス（精神病理）に陥っている。

サイコパスがアメリカ経済にみられるようになかなかの成果を挙げているのはなぜか、という問いには、不確実性にたいする組織的な対応が政府によってなされているから、と答えておきたい。つまりアメリカにあっては、政府によって将来の不確実性を減少させられるという枠組のなかで、個人が人工頭脳に依拠しつつ自由に市場的競争を行っている。政府の危機管理のおかげで個人は危険管理に専念できる、という具合になっているのである。それにたいし我が国は、官僚批判によって政府の力量を最低線にまで引き下げた上で、IT革命にのめり込もうとしている。そこで生じるのは、国家（国民とその政府）を丸ごと危機に突入させるという軽率の態度である。その態度を代弁するかのようにして、森首相によってIT革命が礼賛された。そういう次第であるから、物事をよくわかっていない新首相にそのような流行への迎合を指南した知識人たちの罪はまことに重いというほかない。

⑫ 米中・国家資本主義の大きな弱点（2000年7月）

アメリカ経済の現在をマーケット・ファンダメンタリズム（市場原理主義）とみなすのは、大きな間違いだとはいわぬまでも、不十分きわまりない。なぜなら、アメリカの（とくに金融方面の）市場経済がレッセ・フェール（自由放任）を満喫できつつあるのは、アメリカ政府が様々な戦略を国の内外に展開しているおかげだと思われるからである。たとえば内政において、政府の宇宙開発事業のなかで貯えられていたサイバー（人工頭脳的）知識をいかに民間において活用するか、という施策がとられてきた。また、市場機構にかんするアメリカン・スタンダードをいかに（日本をはじめとする）諸外国に押しつけるか、という外交が推し進められてきた。要するに、国家によって基礎づけられ方向づけられた自由市場、それがアメリカにおいて彌栄《いやさか》えている資本主義なのである。

国家が担う長期戦略

市場主義といわずに資本主義とよんだのには理由がある。現代の市場行動にあって死活の重みを待つのは長期の経営戦略である。その基本部分が国家によって担われるということになれば、企業体としては、資本利潤の拡大のみに関心を集中することができる。つまり長期戦略につきまとう政治的、文化的そして社会的な絡みでの葛藤にさして意を用いなくてすむということになる。つまり、利潤拡大欲求と資本蓄積衝動が幅を利かすという意味での資本「主義」が市場経済を覆うことになるわけだ。だから、こういう体制を「国家資本主義」とよんで不都合はない。

面白いことに、国家資本主義という点では、アメリカと並ぶもう一つの軍事大国であるチャイナのほうがより純粋である。中国共産党による専一的な政治支配の下で、中国人民はマモニズム（拝金教）とよんでさしつかえないような生き方を選ばされている。あるいはそれをすすんで選びとっている。そしてその市場行動のやり方は、一見したところ自由放任とみえようが、実は、国家によって基礎づけられ方向づけられている。共産党の政治的独裁が貫徹しているために、その国家資本主義はアメリカのものよりも純粋だといってさしつかえない。

民主主義のアメリカと全体主義のチャイナを同列におくのは不当だというのは、現代の大衆民主主義の何たるかを知らぬものの言い種《ぐさ》である。そもそも全体主義は、ファッシズムやナチズムがその典型であるように、民衆のエンシュージアズム（熱狂）のなかから出現してくる。また逆に、マスメディアによって世論が操られることを最大の特徴とするマスデモクラシーにあっては、ポピュリズム（人民主義・人気主義）が支配的となる。そしてポピュリズムは、大衆人気というものがコンフォーミズム（画一主義）をあらわにするものであるからには、全体主義と本質的に差はない。

かつてアメリカとソ連は、修正資本主義（つまり景気対策や社会保障の面で国家の介入を大幅に許すような市場経済体制）という方向で一致していく、というコンヴァージェンス・セオリー（収斂理論）が唱えられたことがある。この世紀の転換点では、市場行動の長期戦略に国家が大幅介入し、その短期戦術は企業（および家計）が引き受ける、という意味での国家資本主義にアメリカとチャイナが収斂しつつあるのではないか。

国家の長期戦略が強力なものであるとき、将来の不確実性のうち、確率分布などはとうてい想定できないものとしてのクライシス（危機）が緩和される。それゆえ将来の不確実性は、個別の経済主体にとっては、確率分布を想定できるものとしてのリスク（危険）に還元される。少なくとも、そういう確率世界のイメージが市場において共有されることになる。我が国の経済人は、相も変わらず、「先行き不透明」と歎いているが、それは、クライシスに立ち向かうべき国家が弱体であり、したがって民間がリスクだけでなくクライシスにも直面させられているためなのだ。

拭い切れない負け犬根性

最近、サイバーキャピタリズムのことが大きく取り沙汰されている。つまり電子計算機を駆使するサイバー（人工頭脳）が経済取引の広域化と高速化を促進しているというのである。しかし、人工頭脳が扱いうるのは確率的な世界までである。確率などの当てはまらぬ危機の世界は、人間頭脳の直観力、想像力そして英知力がなければ、管理すること能わずである。逆にいうと、サイバー空間にクライシスが増えるようになると、その空間が、サイバー・クライム（人工頭脳犯罪）などによって破壊されるのみならず、情報のブーム（膨張）とバスト（破裂）によってつねに攪乱されることになるわけだ。

しかし人間頭脳といっても、個人の精神的力量には限度がある。それを集団的な場において発達させ集積し改良していくためにオーガニゼーション（組織）があるのである。たとえば、企業の長期計画は、それが長期になればなるほど危機の要素が増大し、それゆえ弱い組織しかなければ、その企業の視野はおのずと短くなってしまう。で、アメリカ企業にみられるように、ちょっとした株価の変動につれて企業の吸収合併が進むという有り様になる。

90年代の平成改革のなかで、「国家の介入は民間への余計なお節介だ」、「組織は個人の自由にとって邪魔者だ」という世論が膨らまされつづけた。現実はともかく世論の上でいえば、日本は危機に対しては、いわば因幡の白兎のように丸裸のまま、市場原理主義に突入するのを必然の進歩とみなしたのである。アメリカから吹いてくる観念の風の、建前だけを馬鹿正直に受け止め、その本音を見抜けない、という戦後の負け犬根性はまだ拭い切れていないのだ。

しかも日本的経営という日本にとって唯一の宝物ともいうべき歴史の財産を、みずから投げ棄てることをむしろ喜びとみなしたのであってみれば、この間の経済世論の軽薄と野蛮は烏滸《おこ》の沙汰であったといって少しも誇張ではない。日本的経営にサイバー・システムを導入する必要は大いにあるではあろう。しかし人工頭脳の整備は、人間頭脳の確保をまってはじめて効力を発揮するのであり、それゆえ電子計算機と人間組織とは企業を走らす両輪であるといわざるをえない。その一方を抜本改革の名において破壊した連中（エコノミスト）は、世が世ならば、打ち首獄門の刑に処されても文句はいえないはずである。

サイバー・キャピタリズムの暴走を国際機関によって制御するといってみても、各国の代表者たちが、自国の危機管理において経験を貯え知恵を発達させているのでなければ、どんな国際機関からも有効な策が出てくるはずもない。我が国のように、国家は要らない、組織は邪魔だ、といってのける国が多くなるということは、結局、世界を米中のヘゲモニー争いに任せてしまうことである。

しかし、幸いにも、米中の覇権の前でただ頭を低くしているだけ、といった不甲斐ない国はそう多くはない。戦後日本の現在世代とて子供がおり、子供はやがて孫をつくる。それら子孫を情けない状態に打ち捨てたくなければ、我らもそろそろ自分の帰属する国と所属する組織のことについて真剣に思いを馳せてみなければなるまい。

⓭ 統治党に統治策なし（2000年8月）

ドロップ・アウトという言い方が流行ったのは、もう四半世紀前のことになるであろうか。既成の体制に逆らって社会の隅もしくは外へとずれていくことをドロップ・アウトとよんだのである。今ではそうした反逆の姿勢にもとづく社会からの逸脱はすっかり影を薄くしている。というより、逸脱（つまり非同調）の雰囲気によって社会がすっぽりと包み込まれ、家庭であれ学校であれ、職場であれ議会であれ、タガの外れただらしない調子がむしろ日常茶飯のこととなっているのだ。

そういえば、今時の青少年たちは公共の場所でだらしなく座り込んでいる。それはほとんどドロップ・ダウンと形容したくなるような振る舞いである。要するに、「アウト」する気力がなくなって、「ダウン」することしかできなくなった、それが現代若者気質ということなのであろう。いや、若者に限定するわけにはいかない。彼らの親たちもまた無気力に沈み込んで、無為無策のなかにドロップ・ダウンしてすでに久しいのである。

オクロス（衆愚）の進撃

その一つの現れが6月末の選挙であった。というのも選挙民のうち、公然と無党派を名乗るものが4割もいたというのだからである。今は政党政治の時代であるから、ましてや（誰か一人を選ぶ）小選挙区制と（どれかの政党を選ぶ）比例代表制の並列なのであってみれば、選挙とは政党間選択のことだといって過言ではない。そうならば、無党派でしかないものは、棄権もせず白票も投じないのである以上、自分（たち）で党派を作ってみせるしかない。それが嫌でもあるし無理でもあるというのなら、どの党派を選ぶのかについてもっと意を用いなくてはならない。つまり、これは誰も指摘しないことなのだが、無党派とは政治についての意識がきわめて低いことの代名詞なのである。

意識が低いことも、そういう意識しか持てないほどに能力が低いことも、半ばやむをえぬことで、それを批判するのは傲慢というものだ。私が批判したいのは、意識・能力の低いものたちが、我らは無党派でございい、といわんばっかりにふんぞり返っていることについてである。それどころか、何の根拠があってのことか、いつもふんぞり返っているマスコミ人士たちが「無党派の進撃」などとよんで、意識・能力の低いものたちにエールを送っている。これをオクロス（衆愚）の進撃とよばずして何とよぶのか、私には見当もつかない。

その意味で、「無党派が寝てくれていれば助かる」という森喜朗首相の言は、それ自体としては、立派であった。もちろん、オクロスを相手に選挙をやっていて、オクロスをオクロスと呼ぶのは、政治家としては無為無策に当たる。私のいいたいのは、森首相のような方ですら正鵠を射たことをいうのだから、政治家の意識・能力は無党派のそれよりも高い、ということにすぎない。無党派のことを小馬鹿にした森首相はけしからん、などと論評している大馬鹿の知識人は森首相の爪の垢でも煎じて飲めばよいのである。

いや、こんなふうにいうのは政治家にたいして褒めすぎというものだ。オクロスを相手に喜んで立候補するような人々は（平均において）解せない気質の人間だ、とみておいて大過ないのである。そして、そういう変な人々の代表、それが森首相であるとしておくのが正しいのだと思われる。今回の選挙は、これまでのにもまして、現代日本が巨大なオクロスの群れの懐に深々と抱かれていく様子をむくつけくみせつけたのであった。

その証拠は、最大与党たる自民党が無為無策を決め込んだことにほかならぬ。「景気浮揚のための公共事業」ということしかいわなかったのは、与党の名にまったく値しない、底抜けの暢気ぶりであった。それが怠慢のせいなのか無能のせいなのか判然としないが、ともかく、自民党が与党であるのはあくまで代議士の数の上でのことで、その内実によるものではないことはもはや明瞭といってよい。

そもそも日本人は与党ということの意味をわかっているのだろうか。政権に与《あずか》る、それが与党の役割であり、またガヴァメント・パーティの訳語としてもそういう意味になる。ガヴァメント（統治）に与る政党が統治の策を示さないのでは選挙にならぬ。それゆえ無党派が増えて当然なのだ。無党派であることを恥ずかしいと思わぬのは困ったものだが、与党がこんな有り様では、政党選択が混迷するのも半ばやむをえぬとしなければならないのであろう。

野党については、それがオポジション・パーティ（反対党）の訳語であることからしても、与党のやることに反対していればよいわけで、気楽な稼業ではある。厳密にいえば、自民党の無為無策に反対するためには有為有策でなければならないのだが、野党にそんなことを期待しても始まらない。与党の無為無策に反対、といっているだけで集票できるのだから、民主党はまさしく濡れ手で粟というやつであった。

無党派層の自己嫌悪

無為無策、それは無党派の気質のはずである。だから、現代日本の諸党派は、自民党を筆頭にして、内実において無党派なのだといってよい。それなのになぜ無党派の選挙民は自分らの代表ともいうべき自民党に投票しないのか。それは、要するに、無党派の自己不信あるいは自己嫌悪のせいである。無党派は、みかけでは偉そうにしているものの、その内心は退屈と苛立ちに蝕まれている。みずから有為有策のための努力をする気はみじんもないのにもかかわらず、そういう自分たちの状況にうんざりしているのが無党派である。だから、自分らの姿を大衆社会という鏡に映したような存在が自民党にほかならぬと察知するや、無党派の人々は強い自己嫌悪を覚えるのだ。

都市部に強い反権力の気分がある、そのせいで自民党が都市部で惨敗したのだ、というのは大嘘である。そんなことなら石原慎太郎氏が都知事になれるわけがない。また、石原氏を公選首相に、という声が都市部で高まるはずもない。むしろ、都市部の無党派は強い党派を求めている、といったほうがよほどに適切である。その求めに自民党が応じないものだから、今回のような選挙結果になったのではないか。

統治党のやるべきことは山積している。教育改革、危機管理、家族再興、コミュニティ再生といったふうに数え上げていけば、統治党のプラットフォーム（政策要綱）はたちどころに満杯になるに違いない。そうしなかったのは、遠大な長期計画よりも目先の実効ある対策を、と自民党が考え、それで「景気浮揚のための公共事業」ということになったのであろう。

なるほど、無党派は目先の利益のみを欲しているかにみえる。しかしそういう自分たちのケチな根性に内心で不信・嫌悪を差し向けているのも無党派なのだ。そのあたりの無党派の心理を自民党は読み損った。無党派にすり寄ったら無党派に振られた、それが自民党の無為無策の顛末だったのではないか。

自民党よ、自分の心をもっと素直に表現して、日本をどんな国家にしたいのか、それを選挙民に向かって公表したらどうなのか。そんな心はどこを探してもみつからぬというのなら、それは本格的な無党派というもので、そんな政党には大して存在意義はないのである。

⑭国柄なければ道徳なし

（2000年9月）

陰惨な事件が立て続いている。ストーカー殺人、バスジャック殺人、いじめ殺人、保険金殺人、逆うらみ殺人などといった記事・番組がマスメディアを連日のように賑わせている。いや、賑わせているという表現は不適切であろう。こうまで事件が陰惨な様相を呈してくると、しかもその多くが若年者の手によるとなると、ニュースの発信者も受信者も顔を背けたくなる思いにかられているようなのである。

この暗澹たる気分は、道徳というものが徹底的にふみにじられていることにたいする嫌悪ではないだろうか。そうだとすると、その嫌悪感を多くの人々が共有しているという意味において、道徳はまだ健在なのである。問題は、道徳を投げ捨ててはいない人々が、なぜ、道徳から見放されたこのような若者たちを育ててしまったか、ということである。

答えは簡単で、戦後日本人は、内面では道徳を頼りにしていながら、外面では、道徳をとことん軽んじてきたのである。そういう大人の外面を見ていて、子供たちの道徳が育つわけがない。

ちなみに、平凡社の『世界大百科事典』で道徳の項目を引いてみると、「法律は主として人間の社会的なあり方について、道徳は主として人間の個人的なあり方について規定する」といわれている。道徳が個人の内面に封じ込められるなら、社会の場において不道徳が噴出するのも無理はない、といわざるをえない。

道徳の「道」というのは、けっして、個人の心構えなどに限定さるべきものではない。たくさんの人々が長きにわたって往来するのが道であるからには、道徳というのは人々の関係を律する社会的な価値観だとしかいいようがない。道徳を個人的な倫理としてしまうと、結局のところ、道徳は個人の欲望にしか根拠を見出せなくなる。そうなれば、膨らみ切った自我のなかに盛り込むべき確かな精神的内容をまだみつけていない思春期の子供たちが、あいつに腹が立つ、といったくらいの欲望にかられて、暴行に及ぶのもむべなるかなといわざるをえない。

国民性とは慣習の体系

そもそも、道徳にもとづかないような法律は、多数者の個人的欲望の寄せ集めにしかもとづきようがない。そうなれば、多数者の欲望に是が非でも反逆したい少数者たちが、おのれの個人的な道徳（というより欲望）のほうを重んじて、不法に向かうという仕儀になる。ともかく、道徳を「人間の社会的なあり方」から外すような倒錯した道徳観が戦後の日本社会に不道徳の色づけをほどこしたのである。

もともと、モラル（道徳）というのはモーレス（慣習）のことである。つまり社会の慣習が道徳を支える。エシックス（倫理）にしても然りであって、それはエートス（集団の感情）ということと同義である。さらにつけ加えれば、ドイツ語でジットリヒカイト（道徳）というのもジッテ（慣習）から出てきた言葉なのである。要するに、慣習を破壊することをもって進歩とみなすような社会には、不道徳がとりつかずにはいないということだ。

慣習はどこにでもある。小さな地方にも特有の慣習があり、国家にも独特の慣習があるし、そして国際社会にも慣習がないわけではない。しかし、国家のことを念頭におくとき、慣習の最も大事な特質としてナショナリティ（国民性）のことが挙げられる。つまり、近代においては、国民性とは国民の慣習のことなり、という判断にもとづいて、ネーション・ステート（国民《ネーション》とその政府《ステート》）が作られてきたのであった。

そういうものとしての慣習の体系は、かつては「国体」とよんでいた。それどころか、明治の20年代にあっては、ナショナリティに対応する日本語として「国粋」という言葉が選ばれていたのである。三宅雪嶺や志賀重昂などによって明治21年に発刊された雑誌『日本人』には、国粋主義が高らかに謳われていた。しかしそうかといって、彼らが日本のことを無条件に賛美したというのではない。その証拠に、三宅雪嶺は「真善美日本人」についてのみならず、「偽悪醜日本人」についても論じていたのである。

国体とか国粋という言葉が、とくに昭和の前期にあって、忠君愛国というせせこましい政治イデオロギーに接収されていったことは認めるほかない。だから、国体・国粋という言葉をつかいたくないと思う人々の気持ちも理解できる。しかしそうだからといって、日本には他国のと類別できる慣習の体系があり、それを日本人の国民性というのだ、というごく当たり前の考え方を捨てることはないではないか。ましてや、旧左翼のインターナショナリズムが現非左翼のグローバリズムのように、各国の国民性をなくすのが人類世界の進歩だというのは、児戯というよりもでたらめ話にすぎない。

戦後日本の自傷行為

そんなでたらめ話が罷《まか》り通っているかと思えば、他方では、ナショナル・アイデンティティの確認が大切だ、ともいわれている。その英語にいかなる日本語をあてがうか。国体や国粋がどうしても嫌だというのなら、「国柄」とでもいっておけばよいものを、舌をもつれさせながら、ナショナル・アイデンティティと言い募るのが戦後日本人なのである。そのうちに頭のほうまでもつれてきた。ナショナル・アイデンティティを支えるのはその国民の慣習の体系であり、そして慣習体系の基礎には人々の共有価値としての道徳がある、ということすら見失われてしまったのである。

ついでに申し添えておくと、慣習をあまり実体的にとらえてはならない。かつて陽明学の熊沢蕃山が、儒教の礼儀作法にふれて、「時処位」がはっきりしなければ礼儀作法の実体的なあり方も定まらない、といった。つまり具体的な文脈に応じて慣習の現れ方が違ってくるということである。慣習体系は、その国民の物事にたいする感じ方、考え方そして振る舞い方なのだ。つまりそれはあくまで「方式」であって実体ではないのである。そういう意味も込めて、国柄という言葉が適切だと私は思う。というのも、「柄」というのは模様の型であり、体格の形ということだからである。

逆にいうと、国柄を壊せば慣習が壊れ、慣習が壊れれば道徳が壊れるということになる。様々な陰惨な事件の底流には、日本における国柄の崩壊という事実があるに相違ない。そういう三面記事的な出来事についてだけでなく、政治家の汚職についても役人の怠惰についても、経営者の背任についてもマスコミの暴走についても、日本の国柄の崩壊が強く関係している。その意味で、国柄と道徳のつながりを断ち切ったことは、戦後日本の自傷行為であったといってさしつかえないのである。

そのことに多くの人々が気づいているはずなのに、戦後的な流儀に味方することによって禄を食んできた人々は、とくに知識人は、ネーション（国）という言葉を聞いたとたんに反発を示そうとする。そのこと自体はやむをえぬ成り行きとしても、その結果が彼らの歎いてやまぬ道徳の消失である、ということにそろそろ気づいてはどうなのか。司馬遼太郎のいった「このくにのかたち」という表現なら受け入れるが、国体・国粋・国柄となると牙を剥く、というのは、まったくもって、でたらめな所業である。

⑮ 大人に「私」、子供に「公」を要求する不思議
（2000年10月）

次期国会を「教育改革国会」にすると森喜朗首相が公表した。おそらく中曽根康弘氏あたりが陰の肝煎《きもい》りになって、いよいよ教育改革が本格的にスタートする段取りとなったのであろう。「平成改革」は目がくらむくらいに盛り沢山であったが、いくら制度弄《いじ》りをしても、人間が改善されなければ、改革の趣旨は実現されない。だから、人間改革のためには教育改革が必要だというこ とにならざるをえない。遅ればせながら、改革話が正道に立ち戻ったわけで、まずはめでたしといってさしつかえない。

首相の諮問機構である教育改革国民会議も、どうやら「教育基本法」の改正に賛成との意思を表明している。伝えられるところによれば、「日本の伝統」を尊重する必要を基本法に盛り込むべし、ということで国民会議はおおよその意見一致をみたのだという。これも結構な成り行きである。現行の教育基本法は、現憲法と同じく、強くアメリカ流の人間観・国家観に傾いている。そのことの反省に立てば、「日本の伝統」への言及があってはじめて「国民の教育」のための教育基本法だ、と繰り返し確認しておかなければならない。

個性尊重と伝統尊重

しかし、一つ大きな疑問が残る。現基本法は、子供の「自主的精神」を高めることを無条件に礼賛している。そのことと「伝統的精神」の具現とはどういう関係におかれるのであろうか。戦後の思想でいえば、自主的精神なるものは個性尊重ということとほぼ同義である。したがって、問われるべきは、個性尊重と伝統尊重の関係は如何ということである。戦後のいわゆる進歩主義にあっては、伝統から自由になることが個性発揮の出発点だとみなされてきた。この進歩主義的な発想を踏襲するのか打破するのか、「戦後的精神」がまさに岐路にさしかかっているといわなければならない。

ところが、この間の平成改革において、日本の伝統精神を守れ、などという議論があったであろうか。あったのは逆の話ばかりである。日本的経営への批判をはじめとして、日本的なるものを抜本的に改革せよ、それが平成改革の基本主張であった。そしてその主張を政官財知のオピニオン・リーダーたちが取り下げたとは聞いていない。それどころか、グローバリズム革命だ、IT革命だ、といった路線に現内閣はのめり込んでいる。それらの革命話は日本の伝統精神とそう簡単に折り合いがつくものではない。

大人たちが伝統精神を楽しそうに足蹴にしているにもかかわらず、子供たちに伝統精神を大事にするよう要求するというのは、いったい、どういう了見からなのであろう。これは改革話のことにかぎられない。家庭や地域社会に自国の伝統を守る気配がみじんもないのに、学校の教科書や授業においてだけ伝統尊重をいうのは、子供たちを玩具のように弄り回す所業ではないのか。

かつてノーベル文学賞を受賞したトーマス・エリオットに『伝統と個人の才能』という小論文があって、そこで、「個人の才能とみえるものは、与えられた状況のなかで、伝統をどう表現するか、ということにかんする個人間の差異にすぎない」ということが強調されている。日本人は、大人を先頭にして、この人間観に立脚すべきであろう。自主性だの主体性だの、独創性だの進歩性だのといった戦後的なスローガンは、おしなべて、伝統破壊に拍手を送る類のものであった。そのことを抜本的に反省せずして、「日本の伝統も大事にしましょう」といった程度の接ぎ木作業を教育基本法にほどこしたとて、子供たちが健全な国民に育つとは思われない。教育改革の当事者には、子供は大人たちの背をみて育つ、ということを肝に銘じてもらいたいものである。

公益に奉じる義務

教育改革のもう一つの眼目は「奉仕活動の義務化」ということになるらしい。奉仕とはサーヴィスのことで、サーヴィスの元来の意味はスレイヴつまり奴隷ということだ。何にたいして奴隷の如く仕えるのか。キリスト教徒なら、いうまでもなくゴッドと答える。しかし世俗の出来事についての奉仕はいわゆるソーシャル・サーヴィス（社会奉仕）を意味するので、日本の子供たちも、これから年に数週間から数カ月、「社会」に仕えることになるわけだ。

しかし問題なのはどんな社会に仕えるのかということである。社会には私的な次元と公的な次元とがある。子供たちを私的な事柄に仕えさせるのは、それこそ世俗の意味での奴隷であって、そんな屈辱を子供の頃に味わわせると、人間の性格が歪むのが普通である。

公的な事柄にたいする奉仕でなければならないといってみたとて、世間で「公共的」といわれている機関は、おおよそのところ、「私的な利害を社会的に調整する場所」のことにすぎない。その一例が老人介護である。老人介護は、老人たちのもっと長命でありたいという私的な欲望にもとづくものである。もちろん、それによって、将来の国民に安心して暮らせるという人生展望が与えられるという点では、老人介護にも公的な性格がある。しかしそのための若年者の負担のことを考えると、それもかなりに割引いておかなければならない。

そんなことよりも今の日本国家に、公益の体系を樹立しよう、その体系を固守してみせよう、という構えがあるのだろうか。パブリック・サーヴァントつまり「公務員」がたくさんいはするが、彼らは「現在」の世代の国民のうちの多数派が欲望するところに奉仕するのを仕事にしている。それが戦後民主主義というものなのだ。日本国憲法にも「公共の福祉」という言葉がありはするものの、それは日本国家の公益のこととは関係ない。少なくとも「民主憲法」の枠内では、公共の福祉とは現在世代の多数派の欲望を実現することとしか読めないのである。

そして、この世紀の変わり目において、日本社会に何が起こっているかといえば、「ナショナルはもう古い、グローバルでいこう。国民という呼称もやめて地球市民を名乗ろうではないか」といった調子で、これまで以上に公益が無視されようとしている。それが「大人」の21世紀日本になろうとしている。

そのことにたいして反省の一片も差し向けないままに、子供たちにたいして社会奉仕を義務づけようというのだから、まったくもって、教育改革国民会議の皆様は何を考えておられるのやら、溜め息が出ようというものではないか。

奉仕活動のことをヴォランティア活動ともいう。ヴォランティアとは「自発的行為者」のことだ。自発的なるべき行為を義務づける、ということの矛盾をどう解くべきなのか。あっさりいうと、大人であれ子供であれ、公益が大事だという気持ちがあるなら、それは、公益に奉じるのが自分の義務だと感じることにほかならない。自分のうちに義務の観念があるなら、当然、それを自発的に遂行しなければならないということになるわけだ。

つまり、「奉仕活動の義務化」の前に必要なのは、「公的なるもの」への奉仕は国民の義務である、という気持ちを子供たちに持たせるように、大人たちが家庭、学校および地域社会で公益のために努力するのが先決である。

⑯「電子国家」という残酷と軽薄（2000年11月）

文化とは何かと問われたら、人誰しも「言葉の共同体」といった類の返事をする。だから、国民の言葉づかいが目立って乱れてくるのは、その国の文化が凋落の過程に入ったことのまぎれもなき徴候といわなければならない。そういえば、ローマ帝国が衰亡に向かったときにも、ラテン語が、一方で国際化すると同時に、他方で俗化したといわれている。今の英語もやがて同じ運命をたどるに違いないと私は考えているが、日本人の私としては、日本語の将来を気づかわざるをえない。

もう古い話になるのかもしれないが、シドニー・オリンピックで珍妙なる日本語にでくわした。大きな日の丸国旗の白地部分に、左がわには「日本」という漢字が、そして右がわには「えん」という平仮名が書き込まれていたのである。たぶん、水泳会場でのことであったと覚えている。「えん」とはいったい何のことであろうか。どう考えても、日本の通貨である「円」のことをさすのだとしか思いようがない。その茶髪の青年にとって、円しか誇るものがなかったにとどまらず、国際語たる英語の一片もつかえないとなれば、オーストラリアでは円が唯一のコミュニケーションの手段であったのであろう。しかも、円という漢字すらよく覚えていないのが今の日本青年の学力なのであるから、「日本」は「えん」なり、と叫ぶほかなかったのだと思われる。

もしアメリカ青年が星条旗にdollarと大書していたなら、またフランス青年が三色旗にfrancと書きなぐっていたなら、大概の日本人は嗤うであろう。そのくらいの品位を日本人はまだ持ち長らえていると思いたい。しかしその日本青年に、他者が自分の振る舞いをどう受け取るか、という意識はなかった。自分の気持をストレイトに表白すること、それだけがその青年の関心事なのであろう。事実、日本の街路や広場で、また建物や電車で、そういうエゴティスト（自己中心主義者）が増えてきている。そういう若者たちを育てたのは日本の大人たちだ。さすれば、日本社会にあって、言葉づかいの品位は風前の灯火なのかもしれない。

噴飯物の見本

などと考えつつタクシーに乗っていたら、クルクルと回る広告機に「電子国家」という文字が浮かんだ。あとで調べてみたら、日本のエコノミストたちが森喜朗首相に21世紀の日本を電子国家にするようにと勧告したのだという。またさらに調べてみると、『電子政府』という本がよく売れているともいう。私は諸外国の人々に尋ねてみたい。「日本はエレクトロニクス・ネーション（あるいはステイト）になります」と胸張る日本人に嗤いを差し向けずにおれるかどうかと。答えは決まっている。「嗤える話ですねえ」といいつつ彼らは実際に大声で笑うであろう。

電子機器で省力化を進めるということは、官民において今後とも続くであろう。しかし、ガヴァメント（政府）の本質は統治の機構という点にある。電子機器によって繰り広げられるサイバー・スペース（人口頭脳空間）は、未来が確率的に予想される場合にかぎって、有効な統治策を提供してくれる。だが、確率的予測の叶わぬ未来については、人間頭脳が、とくに組織化されたそれが、ガヴァナンス（統治）を可能にする。その意味では、電子政府という呼称は噴飯物の見本といってよい。

少し日本語にこだわってみれば、電子政府と電子国家は同じなのか異なるのか。おそらく、森首相の経済改革についての諮問会議は、民間のIT革命を促進するのにも熱心なところをみると、官民の両方を合わせて国家とよんだのであろう。それはそれでよい。私の思うに、国家の「国」は国民のことをさし、国家の「家」はその統治の機構つまり政府のことを意味する。したがって国家とは「国民とその政府のことであり、英語でいえばネーション・ステイトに対応する。

よくないのは、電子国家などというトンデモナイ言い方である。それは「電子国民とその電子政府」ということにならざるをえないのだが、電子政府という考え方の間違いについては繰り返さないとしても、奇異きわまりないのは電子国民という言い方である。中国ではパソコンのことを電脳というが、国民のオツムまでもが電脳化するのでは堪ったものじゃない。それは、文字通りに、一億総白痴化の現れである。

国民生活において、電子機器の存在が重みを増すことを否定しようというのではない。私のいいたいのは、そうなるにつれて、未来に新たな種類の危機が発生するのであり、そのクライシス・マネジメントにおいて、国民はおのれの人間頭脳をこれまで以上に活発にはたらかせなければばならないという一事にすぎない。未来へのアイディア、ヴィジョン、イマジネーション、そうしたものは主として人間頭脳によって育まれる。そしてそうした人間頭脳の助けがなければ、どんな電脳も危機の波間に呑み込まれるのである。

増大する不安定

電子国家とか電子政府といった言葉に酔い痴れるものは、すでにして痴れ者である。試みに巷間を1時間ばかり散策してみたまえ。携帯電話にしがみついて痴れ話に明け暮れしている青年たちを、いや初老の国民たちをも、眼にすることができるであろう。また新聞の経済欄をみてみても、ITによって国際金融市場がいかに不安定にさせられているかを知らされるであろう。少なくともいえることは、電子国家は、その危機管理の失敗のために、はなはだしい不安定性に見舞われる恐れが大だということである。

情報は、元来、エントロピー（無秩序の度合い）を減らすためのものである。ところが、国際社会においてであれ国内社会においてであれ、高度情報化とやらにつれて、エントロピーが増大しているのである。これは情報化に逆行する事態である。ミクロ的な情報化の促進がマクロ的にはむしろ反情報化をもたらしている。これを文明の逆説とよばずして何とよぶのか。

ところで、資源問題の方面では、エントロピーとは「利用不可能な資源の蓄積」のことをさす。つまりリサイクル不可能な廃棄物の堆積度をエントロピーとよぶ。それが資源界を無秩序化するからである。情報技術のうちにも、この意味でのエントロピー増大につながるものが少なくないのではないか。つまり、利用不可能（もしくは無駄）なＩＴの累積にも配慮しなければならないということである。

人はよく技術は「使い方」次第だという。そこで忘れられているのは、「よき」使い方はいかにすれば鍛錬されるのかということである。人はその鍛錬は「教育」においてなされるとあっさりいう。しかしその教育の場を「ＩＴの拠点」と化そうというのが森内閣（およびそれに進言しているエコノミスト連中）の姿勢である。つまり、電脳を小中学生に与えようというわけだ。人脳の発達していない子供たちを電脳に親しませれば、大なる可能性で、彼らの人脳は電脳依存的となる。電脳における定型化された皮相の情報のなかに子供たちの人脳が放り込まれる。

それは、かのオウム信者へのヘッド・ギアの姿を思い起こさせる。日本の大人たちはかかる無残を自分の孫子に強いるほどに残酷もしくは軽薄に墜ちているのであろうか。

⑰新世紀は「総合化」の時代

(2000年12月)

アメリカの大統領選が、フロリダ州における票の集計をめぐって、混迷の極に至っている。日本のマスメディアは、連日のようにその経緯を報道している。残念なのは、その報道の仕方に、ヨーロッパ風の辛辣味が不足していることである。たとえばフランスにおける報道は、一つに「IT(情報技術)革命の発信基地で選挙の集計もままならぬとは何事ぞ」とからかい、二つに「世界に民主主義を押し売りしている国で選挙の公正性も守られないのか」と諷刺している。

リーガル・アルゴリズム

この世紀末の10年間、日本は、アメリカからやってくる「情報の公開」やら「情報の透明性」を金科とも玉条ともして平成改革を推し進めてきた。しかしそのアメリカで、情報は非公開と不透明を免れえないものであることが暴露されたのである。それは当たり前の成り行きであって、人間社会における情報の生産・流通・消費にあっては、個人間や集団間における利害や情実が錯綜せざるをえない。そこで、いわゆるインフォーマル・コミュニケーション(非公式意思伝達)

が社会秩序の根底において作用するということになる。あらゆる情報の交換過程が、公式的な契約という形で、透明に公開されるというのはアメリカの神話にすぎない。

それが神話であることが自覚できていないアメリカでは、あくまで情報の透明公開を求めて、というよりそれを求めるという建て前の下に、弁護士が大活躍する段取りとなる。今度のフロリダの件でも、何百人もの弁護士を、とくにゴア候補の陣営が、現地に派遣している。政治は、新たな法律を作るのを本務とするという意味で、法律より上位にあるはずである。しかしフロリダでは、法律がむしろ政治を差配するといった有り様になっている。これは、かの悪名高い「訴訟天国」ぶりの一つの反映なのである。

大統領候補たちは、本来、内政や外交の安定を図るための政治判断を公衆に発表すべきだ。ところがアメリカでは、大統領候補が舞台の裏に退いている。舞台の上では、何人もの弁護士が入れ替わり立ち替わり、あたかも模擬法廷でもあるかのように、自らの陣営に有利になるようにと弁舌をたくましくしている。これを、アメリカでは、リーガル・アルゴリズム（法律的計算法）という。つまり法律的な計算だけで社会の秩序が形成され運営されうるとアメリカでは思われているのだ。

秩序とは規制の体系のことであり、そして規制には、歴史的慣習によるもの、行政的介入によるもの、法律的裁判によるものとの三つがある。アメリカは、歴史が浅いために、また「小さな政府」をよしとする個人主義・自由主義がアメリカの歴史を彩っているために、最後の法律的規制に過大な負荷がかけられる。そのリーガル・アルゴリズムが危殆に瀕していることが、事情通にはとうに明らかであったが、今度の大統領選で世界の隅々にまで透明に公開されてしまったのである。

疑問視されるＩＴ革命

リーガル・アルゴリズムが失敗することは、ＩＴ革命なるものにとっても、致命的である。なぜといってその革命は、世界中が同一の情報を（可能性として）平等に入手し、そこで生じるかもしれない利害の衝突は、すべて法律的に解決する、と構えているからである。これまでは、情報技術では処理できない複雑な情報には、歴史的慣習や行政的介入が何とか対応してきた。しかし、ＩＴ革命論者は、インターネットなどの新しい情報技術がそうした慣習的規制や介入的規制を不要にする、というのである。

そうなれば、国家もまた不要となる。国家とはネーション（国民）とそのステート（政府）との合同体のことであり、そしてネーションが慣習の在り方を定め、ステートが介入の仕方を決める。逆にいうと、慣習と介入が不必要だというのなら、ネーション・ステート（国家）は無用の長物となるのである。

アメリカの大統領選に因んでいうと、その「選挙人制度」はステート（州）の重要性を確認するためのものであった。ステートにおいて独自の共同体性《コミュニティ》が保守されなければならず、それゆえ州において過半を制した党派がその州の選挙人を「総取り」する。それがアメリカの選挙人制度である。つまり、（州単位における）共同体への愛着によって、アメリカ全体が中央政府によって同質化されるのを避けようとしたのである。その結果、国全体の得票数が多くても、獲得できる選挙人は少ない、という（今回、ゴア候補において生じているような）事態が発生しうる。しかしそれは矛盾でも何でもない。全体（アメリカ）への配慮と部分（州）への考慮のあいだのバランスが大事だとするかぎり、得票数と選挙人数が逆になっても何ら不穏当ではない。

アメリカ一国についていえるのと、同様のことが世界全体についてもいえる。各国の国民はおのれらの共同体性に愛着を覚えずにはいない。だから、アメリカ発のIT技術に親しむ人々が世界の人口の過半を占めたとしても、それでただちにボーダレス（国境なき）状態になるわけではないのである。国境の内がわで独特の慣習や介入が保たれる、という状態が今後とも続くであろう。つまりグローバリズムは、幸いにも、けっして実現されることはないであろう。また、そうであればこそ、世界は多種多様な文化の共存を享受できるのである。

21世紀に向けて出されている展望は、IT革命のほかには何もない。そのIT革命が、発祥の地アメリカにおいてすら、疑問視されつつある。それによってもたらされつつあるのは、一つに中産階級の没落（所得格差の拡大）であり、二つに（投機的な雰囲気をはじめとする）文化の俗悪化である。今度の大統領選の醜態は、そうしたIT革命の暗澹たる未来を予告するものだと思われてならない。

「再巡」という革命

「新しい大きな変化」としての「革命」を待望するのは進歩主義の悪弊ではないのか。リヴォルーション（革命）の原義は古き良き価値が「再び《リ》」「巡り来ること《ヴォルーション》」である。新世紀に必要かつ可能なのはそうした「再巡」という意味での革命であろう。少し具体的にいうと、コミュニティの「再建」、それが新世紀にとって最重要の課題となるであろうということである。資源・エネルギーの確保、危機管理体制の確立、都市・田園の再興、家族制度の復興、教育・学校の再整備、研究・開発の推進など、コミュニティには困難ではあるが魅力的な課題が山積している。

　それは「総合」の作業となるほかない。インターネットを家庭や学校そして企業や政府に配備すれば、時代が新しく大きく変化するというのは嘘話である。仮に大変化が起こったとしても、それは人間がサイボーグ（人造人間）化し、さらにはサイコパス（人格異常）化するという方向においてであろう。ＩＴを採用しても一向に構わないが、それは、そのほかの様々の情報処理の方法、とくに集団的・組織的な方法と組み合わされてはじめて効果的なものになる。どだい、ＩＴによって処理されるのは技術的にパターン化されたものにすぎない。コミュニティ形成にあっては、非技術的な情報をも総合しなければならないのである。

⑱無政府・無規範に沈むかアメリカン・デモクラシー（2001年1月）

20世紀の後半、つまり第二次大戦後の世界を比喩するとなれば、それは「アメリカン・デモクラシー」が理念の玉座に就いた時代ということになるであろう。ここでアメリカンというのは、民主主義の基礎に自由主義を据えるということだ。つまり人々の自由な活動が、結局のところ、社会の多数派をして良き世論の持ち主にさせる、とアメリカでは思われてきた。そうであればこそ、多数参加と多数決制としてのデモクラシーが社会に進歩をもたらすとアメリカ人たちは確信してきた。

それは、換言すれば、人間主義あるいは人権主義にほかならない。人間は、生まれながらにして、基本的人権を授けられるにふさわしい性善なる存在であるというわけだ。性善なるものに自由を保証してやれば、社会の大多数が文明進歩の担い手となる道理である。

このようにアメリカの自由主義はあくまで個人主義的である。諸個人の資質は、根本において、真であり善であり美であると今も思い込まれている、いや、思い込むことに決められている。これとは異なって、西欧の自由主義は、傾きとしては、歴史主義的だ。つまり、歴史の英知（伝統の精神）が秩序となって、諸個人の自由が放恣《ほうし》に流れるのを食い止めると期待されていた。この西欧型の歴史的自由主義が米国型の個人的自由主義に音立てて移行した。それが20世紀の後半に起こったことである。

日本型の民主主義は、長く安定した歴史に裏づけられていたからには当然のことであるが、元来は西欧型に近い。それが、あの対米大敗戦によって強引に軌道を変えさせられ、米国型の民主主義に引きずられることとなった。そして半世紀も経てば、個人的自由主義にもとづく民主主義はアナーキー（無政府）やアノミー（無規範）に否応もなく傾斜していく、というかつての良識的な判断が跡形もなくかき消される始末となった。

だから、福沢諭吉の時代にあってすらはっきりと認識されていたアメリカン・デモクラシーの危険について、警鐘をならす人間はいなくなった。つまり「世論の支配」なるものが「多数者の専制」を帰結するという、たとえばトックヴィルの警告を思い起こすような知識人は、世界中においてそうであるが、とくにこの戦後日本において皆無に近いのである。

フロリダの馬鹿騒ぎ

トックヴィルは、今から160年も前に、自由な諸個人のあいだに葛藤が起こったとき、誰も彼もが裁判所に訴え出るようになるであろうと予告した。そして、実際にアメリカで生じたように、アメリカ流の民主主義のなかから「訴訟天国」がもたらされ、さらにその裁判にたいして、陪審制の存在にも促されて、世論の圧力が加えられることになったのである。いいかえれば、司法の独立を有名無実と化す、それがアメリカン・デモクラシーのやみがたき傾向なのだ。

トックヴィルの時代にあっては、まだ「法律家の公正」が守られていた。したがって彼は、法律家が（宗教者と並んで）公正な立場を守りつづけるかぎり、アメリカン・デモクラシーの未来に期待を寄せられると考えたのである。しかし、今次の大統領選におけるフロリダ騒動にみられたように、裁判官までもが政党色を剥き出しにする、それがアメリカン・デモクラシーの現状となっている。この一事をみただけでも、トックヴィルの期待が裏切られたのは疑いないところである。

ところが日本の識者とやらたちは、裁判官が政党党派の争いに直接的に加わることをさしてアメリカにおける「活力の現れ」と称している。経済改革論議における市場活力という言葉についてもそうであったが、活力ある状況を何はともあれ良きこととみなすという人間主義（あるいは進歩主義）の病理が戦後日本を深く蝕んでいることの証拠といわざるをえない。子供にだってわかるはずのことなのだが、活力には野蛮なもの、犯罪的なもの、軽薄なもの、愚劣なものなど、様々の承認しがたい種類のものがある。活力における是と非を区別するのが秩序にほかならないというのに、秩序の番人たる裁判官が活力それ自体の代表者となるというのでは、アメリカン・デモクラシーはたがが外れたとしかいいようがない。

もし活力という言葉をフレー・ワード（称賛語）として用いたいのであれば、自由と秩序のあいだで平衡を持すことのできる緊張した精神の状態、それが真の活力だとしなければならないのではないか。そしてその場合の秩序は、歴史の英知あるいは伝統の精神に根差すとしなければならない。要するに、過去への回顧（秩序）と未来への展望（自由）とをバランスさせる知恵ある精神が活力の本体だということである。

フロリダ騒動が端なくも露呈してくれたように、アメリカン・デモクラシーは平衡感覚を失って、似非の活力に駆られて、いわば自損行為に走っている。司法までもがそうしたヴァンダリズム（文明破壊の野蛮）の御先棒をかついでいる。そしてヴァンダリズムは、アメリカのみならず、洋の東西南北を問わずに、グローブ（地球）を襲っている。そんなグローブにおいてグローバリズム（世界主義）が叫ばれ、しかもそのグローバリズムの内容たるやアメリカニズム以上でもないというのであるから、世界がまるでお笑い種にされているようなものである。

民主主義崩落の兆し

新世紀の初頭、おそらくは10年ばかり、アメリカン・デモクラシーの大失態が各国において出来するのではないか。そういえば、20世紀の前半においてとて、19世紀後半において生じた社会の大衆化の波が、ついに大衆を総動員するトータル・ウォー（総力戦）となって崩れ落ちたのであった。21世紀の前半も、アメリカン・デモクラシーの波濤が砕け散る時代となるに違いないと私は予想する。その前兆となるのが世紀末のどんづまりにおいて演じられたフロリダの馬鹿騒ぎなのである。

私が伝統というのは慣習のことではない。慣習のなかに貯えられている、物事の理非曲直《りひきょくちょく》を状況の進展に応じて仕分けする精神の能力、それが伝統なのだ。そしてその能力は、言語的動物たる人間の場合、「知恵ある言葉づかい」として発揮される。20世紀末において目立ったのは、各国の指導者が、とくに我が国の指導者が、稚拙な言葉づかいゆえに失脚していくという光景であった。「世論の支配」の統治機構ともいうべきマスメディアが指導者の下手な言葉づかいの言葉尻をとらえて、指導者たちに次々と火矢を放っていく。民主主義におけるマスメディアはそういう劣悪な働きしかしないものだと見極める知恵もなしに指導者になったのであるから、火矢で焼かれるのも当然の成り行きといってよい。

かくして、アメリカン・デモクラシーは、みずからの指導者をすべて地に叩きつけたあとで、「有能な人材はもういないのか」と思案投首してみせる。というより、社会は無政府と無規範にはまっているのであるから、リーダーなしに漂流するアメリカン・デモクラシーは文字通りに恐怖すべき時代を迎える。そのとき、巧みな言葉づかいによって平衡感覚の何たるかを人々に知らせることのできる人材がどれほど残っているか、さらにはそうした人材を新世紀の初頭においてどれだけ作り出せるか、新時代の課題はそこにしかないと私は思う。

⑲大人にも必要な成人式

（2001年2月）

新世紀に入って早々、高松や高知で、いや、伝え聞くところでは全国の各地で、成人式において新成人が非行の数々をむくつけく披瀝していると報道された。非行と不良は似て非なる行為なのであって、不良というのは、法律は道徳といったルールにたいする意識的な反抗ということを意味している。それにたいして非行は、性的なそれが典型であるように、自分の内部にうごめく無軌道な衝動に、つまり焦燥や退屈につき動かされて、思わず知らずルールから逸脱してしまうことをさす。

今回の成人式騒動のことにかぎらず、最近の青少年たちの振る舞いは、どちらかといえば、非行に傾いていると私は思う。たとえば、市長にクラッカーを発射するなどというのは、一見したところ反体制の姿勢とみえようが、そこにまともな反体制的言辞が一片も含まれていない以上、さらにはマスメディアで批判されるとあわてふためいて警察に自首してくるところをみると、苛立ちまぎらしや退屈しのぎによる衝動的な行いであったと思われる。

そのことを傍証してくれるのが、テレビに映し出された新成人たち（とくに女性たち）の携帯電話にとりすがる光景である。それは、その場のルールを認識することも受け止めることもできずに、ふしだらな営みにふけることによって自分の衝動に遊ぼうとする愚者たちの姿である。その意味で、クラッカーを放つ若い男たちと携帯電話のボタンを押しつづける若い女たちとは連動しているということができる。

マナー外れは常態

話がここまでくると、今の大人たちが偉そうに新成人を叱る資格などはみじんもないとわかる。なぜといって、公共の場で携帯電話を通じて愚にもつかぬことを大声で喋っている大人たちはけっして少なくないからである。一言でいえば、現在の日本にあってマナー外れはむしろ日本人の常態なのだ。マナー（振る舞いの方式）をマンネリズム（因襲）とよんで軽蔑する。それがひたすらに新奇な言動に走ることに進歩を見出してきた戦後日本人の基本姿勢であったのだ。

子供は大人の背をみて育つ。大人たちが半世紀にわたって非行をやりつづければ、子供たちが非行に走らぬはずがない。その証拠に、ふたたび携帯電話のことを例にしていえば、それをeエコノミー（エレクトロニクスを駆使した経済）の武器としてもてはやすのが、日本の大人たちの、しかもそのオピニオン・リーダーを自称する連中の、やり口なのである。つまり、ＩＴ（情報技術）においてアメリカにずいぶんと遅れをとってしまった日本ではあるが、携帯電話においては他国にはるかに抜きんでているので、ＩＴ競争の行方について心配する必要はないというのが、それらオピニオンのおおよその内容ときている。

この種の言説を吐くことをオーパインというのではないか。オーパインとは、下らぬ意見を御大層めかして口にすることである。それによって世論が乱されつづけていくというのが最近の御時世なのであってみれば、非行者の群れの先頭にいるのはオピニオン・リーダーだといっても少しも過言ではない。そういえば、つい先だってまで、ITのヴェンチャーこそが日本経済の未来を切り開くとの御託宣を垂れていたエコノミストが、アメリカにおけるナスダック（情報関係株）の市況悪化をみて、「IT革命の第一段階は失敗でした。しかしその第二段階が始まったのです。つまり既存の大企業がITで武装しはじめたので、IT革命の未来は明かるいのです」とのたくっている。いったい、その人の昨日までのヴェンチャー礼讃は何だったのか。言葉の非行が新世紀日本の文化に混乱をもたらすに違いないと思えば、まだ正気を保っているものは、多少とも暗い気持ちにならざるをえない。

子供の教育と大人の自省

話を成人式のことに戻そう。見渡すところ、青少年の非行がここまで蔓延したからには、官製の成人式は廃止すべき、というところで世論は一致している。官製の成人式をやめるのは、あるいは、結構かもしれないが、「新成人の非行が目立つので」という理屈づけが、何ともはや、情けない大人の口上ではある。そこには、子供たちの非行にたいして大人がいかに対処すべきか、という責任感がまったくみられない。そうした責任感が少しでもあれば、新成人を一堂に集める機会などはめったにないのであるから、成人式を是非とも続行し、そこで大人の世界のルールをめぐる厳しさについて、子供たちに教え込ませてやろうという方針が出されて何の不思議もない。しかしそういう意見はどこからも出されなかった。

何百人もの(餓鬼も同然の)新成人を前にして、彼らの非行を咎《とが》めつつ、ルール教育をやるのがどんなに大変な仕事かは、大学での講義を今もやっている私はよくわきまえている。恥ずかしながら自分のやり方を公開させてもらうと、私は、歯には歯をの構えで、非行の学生たちにたいしては非行の言葉をもって応じることにしている。つまり、ふざけるんじゃねえ、といった調子の言葉づかいで、正面から彼らと対決することにしている。

そうするのは私の気持ちが激しているからではまったくない。真面目に私の講義を聴こうとしている学生も(少数ながら)いると知っているからには、そういう少数者を守るためにも、当方も素朴な意味で真剣な素振りをせざるをえないわけだ。我田引水を承知でいえば、高知の橋本大二郎知事が壇上から非行者たちを叱りつけたのもその伝であろうと私は思っている。いずれにせよ、若者の非行にたいしては——殺される羽目に陥る危険については重々気を配りつつも——大人のほうも正面から対峙する必要があるのである。

しかし、教室や式場といった狭い空間での言葉のやりとりだけを問題にしていたのでは埒《らち》があかない。都市の広い空間を眺めてみられよ。そこには、建て物の造作にせよ並び方にせよ、看板の数にせよ大きさにせよ、商品の華美にせよ豪奢にせよ、若者たちの気分を過剰に刺激したり乱雑にさせるモノやコトバが目白押しに並んでいる。こんな都市しか作ることができないでいる大人たちに若者の非行を叱る権利はないのではないか。

子供たちにとって、親の説教よりも教師の指示よりも大きな影響を与えるのは、彼らの動き回る環境がどんな秩序を、もっといえばその秩序を通じてどんな真善美の基準を、展示しているかということである。これだけの金銭と技術と自然と歴史に恵まれながら、戦後日本はまことにみすぼらしい都市環境しか――田園環境にしても同様であるが――創りえていない。それどころか、過去の遺産を徹底的に破壊してきたのが戦後の（大人たちの）流儀でもあったのだ。その証拠に、「家族と一緒に日本で1年くらい暮らしてみたいものだ」と思うような外国人はまずいないではないか。

大人が悪いから子供たちを野放しにせよ、などといいたいのではない。親の背をみて子供が育つ、ということは、子供の顔をみて大人が後悔するということでもある。子供の教育と大人の自省とが同時に進むのでなければ、世代間の確執が悪化するばかりである。こんな当たり前のことに言及しなければならないということそれ自身が「戦後」が非行の時代であったことをよく示している。他人の振りみて我が身を直せ、ということである。

⑳ハワイ沖事故にみる日本国家の意志薄弱（2001年3月）

ハワイ沖におけるアメリカ原潜の暴挙は、アメリカの危機管理能力がいかに急速に低下しているかを如実に示す事件であった。世界の軍事力がアメリカに一極集中するという状況のなかで、アメリカ軍に慢心が広がっているとみるのが妥当なのではないか。とはいうものの、クライシスつまり「危機」とは、合理的に予測し難い事態をさすのであり、当事者たちに慢心や怠惰が芽生えることも含めて、予測（さらには予想や予断）を超えた事態が発生することは大いにありうべし、と構えておかなければならない。それが危機管理に立ち向かうための第一要件だということすらできる。逆にいうと、危機が現実のものとなるや、ただちに危機管理能力の不足を言い立てるというこの国の風潮は、危機管理それ自体が危機に満ちた作業であることをわきまえていないという点で、幼稚極まりない。

ハワイ沖事件で9名の日本人が海に沈んだとの情報を受けて、しかもその事件を引き起こしたのが米軍だと知った上で、ゴルフをやりつづけた森喜朗首相の態度は論外である。そもそも、ゴルフなどという金銭と時間のかかる営みを政治生活の重要な一部として組み込むのが日本の悪習なのだとみきわめるときなのではないか。

国家としての善後策

そのことを確認した上で、私がここであえて強調したのは、森首相のゴルフのことのみを取り沙汰するのもまた日本人の危機意識の弱さの現れではないかということについてである。最も大事なのは、日本政府が毅然たる態度で、一つに「原潜浮上に当たっての海上へのサーチ」を行ったのかどうか、二つに「事故発生後に必要かつ可能な被害者救済の処置」をなしたのかどうか、についてアメリカ政府の公式回答を要求することである。ついでにいえば、被害者の家族への補償についても公式要求を発しておくことも大事である。さらには、この種の事故が今後発生するのをできるだけ防止するための具体的な対策を米軍に要請しておかなければならない。そういう国家としての善後策を講じるのが森首相の最大の責務であって、それが果たされるならば、ゴルフ場に2時間ばかり滞在していようが、はたまた午睡を楽しんでいようが、しょせん些事にすぎない。どっちみち覆水盆に返らずであって、起こった事故のことそれ自体についてはイリヴァーシブルつまり不可逆と諦めるほかないのである。

その点、アメリカの国家意志はさすがはっきりしているを認めなければならない。そこが緊急浮上訓練をなすのに不適当な場所であったと知るや、即座に公式の謝罪をアメリカ政府の首脳が発表した。しかし、事故の具体的な模様については、損害賠償のことも考慮に入れて、あくまで「調査中」の一語で片づけようとしている。それどころか、二昼夜にわたって海上の調査をして何の成果もなかったとなるや、これ以上の探索は技術的に無効との声がアメリカ調査団から挙がっているという。さもありなん、「合理的」に予測して、9名の被害者は船もろともに海底に沈んだとみるほかないのである。あとは海底から船を引き上げるという（莫大な資金を要する）仕事が残っているだけのことである。そして、もともと遺骸というものにさほど執着しないのがアメリカ流であるので、船体の引き上げは純経済的な問題として扱われがちとなるわけだ。

それにしても、このハワイ沖事故をめぐって露呈された日米両国の国家意志の差はあまりに明白である。というより、国家意志を表明するに当たっての我が国の弱腰は、古今東西に類例をみない程度に達している。しかも、そのことが国民規模で確認されるには至っていない。その証拠に、森首相のゴルフのことが、死者およびその家族にたいして非礼ではないかとの理由で、論難されているだけなのである。アメリカにたいする公式の抗議がないことを批判する声はほとんどどこからも挙がっていないし、日本におけるそうした国家意志の欠如を撃つ意見も皆無に等しい。

国家の危機は、国家の意志にもとづかなければ、管理されようがない。また国家の意志は最終的には政府の公式発表として表現されるのだが、その表現が断固たるものであるためには、国民の意志がそれを支えるのでなければならない。つまり、日本政府の外交上の弱腰は日本国民の国を思う気持ちが薄いことの反映に外ならないということだ。そのことを自覚せずして森首相のゴルフ遊びに非を鳴らすのは、要するに、国民に非ざるものたちの世故にすぎない。国民とは読んで字の如く「国の民」であり、そして国の民ならば、国家意志を片時も忘れないよう自分たちの政府に要請しつづけるのでなければならない。そういう本来の意味での国民が数を減らしたからこそ、政府のほうも、「携帯電話があるんだから、危機管理室に常駐する必要はない」といったような、純技術的な態度に出てくるのである。

国家意志なき危機管理

国家と政府がけっして同一ではないことに留意しておく必要がある。国家とは国民の家制（政府機構）のことである。だから、ネーション・ステートのことを国民国家と訳すのは誤訳なのであって、正しくは国民政府とすべきなのだ。なぜといって、国民国家なる言葉は分解してみれば、国民「国民政府」のこととなり、「国民」という言葉が重複して用いられていることになるからである。ほかの言い方をすると、国家のことを政府と同一視してしまうと、国民と国家とが切断されることになる。国家という単純な言葉についてすらこのように混乱した理解をつづけているのであってみれば、国家意志が国民のものとならないのは理の当然といえる。

また、もう一つの理の当然は、すでに述べたように、クライシス（危機）はリスク（危険）と異なって、確率的な予測の対象にはならないということだ。そうした合理的な予測ができないからこその危機なのであって、それゆえ、危機にたいしては（電子計算機の使用のような）技術的な対応だけでは決定的に不十分なのである。危機にうまく対処するには、あくまでも「人間の組織」に拠らなければならず、そして組織には、その構成員にとって共同の目的と相互のあいだの役割の体系とがなければならない。そうした共同の目的と協同の役割を根本において保証するのが、国家の危機についていうと、国家（国民とその政府）の意志なのである。

ハワイ沖の沈没事件は、我が国の国家意志の甚だしい衰退を象徴しているのではないか。日本国家がその程度のものに転落してしまっていることを見抜いたればこそ、アメリカ政府は型通りの謝罪をしただけで済まそうとしているのではないか。そう思うと、海底に沈んだ高校生のことが一入《ひとしお》哀れに感じられる。

日本の国家意志が弱まるばかりであったことは、対中や対鮮の弱腰外交の連続で、すでに明らかであった。また対米の屈辱外交もすでに半世紀余にわたって改善されるところがない。国家意志がなければ国家の危機管理が挫折するのは当たり前で、さらに危機管理のない国家においては、その経済も社会も文化もやがて衰退に見舞われる。そうした道程が音立てて進行していることを直視すべき時期がやってきたのだ。

㉑破局を見通して今から人材の育成を（2001年4月）

マスデモクラシー（大衆民主主義）がいよいよもって絶頂をきわめようとしている。マスデモクラシーというのは、「おのれに統治能力がないにもかかわらず統治の主権を僭称する」ものとしてのマスマン（大衆人）たちの代弁機関であるマスメディア（大量情報媒体）が、世論の名において、政治を壟断《ろうだん》する事態のことをさす。いや、政治のみならず経済までもが、「市場の声を聞け」との名分の下に、大衆のポピュリズム（人気主義）によって振り回されている。

高度大衆化としかよびようのないそうした事態が最も際立っているのは、ほかでもない、我が国においてである。つまり森首相は、目立った失政の証拠がさしてないというのに、その挙動が凡庸であったり軽率であったりするというだけの理由で、遠からず退陣する運びとなった。森氏の凡庸や軽率はまさに大衆の代表たるにふさわしい。自分らの最高代表としての適任者に、大衆が盛大に悪罵を投げつけるのはなぜか。それは、自分らに主権者を名乗る資格はないのだ、と大衆が内心では知っているからにほかならない。いいかえれば大衆は、相も変わらず主権をふりかざしていることからくるひそかな罪や恥の感覚を、自分らの代表者をあからさまに撃つことによって解消せんとしているわけだ。

大衆とはそういうものなのだ、ということを森氏が承知していたとは思われない。森氏にかぎらず、平成の御世に入ってから次々と登場しそして退場した10人の首相は大衆の本性についてまったく無知であったのではないか。そうでなければ、大衆の不平不満に火をつけるような凡庸にして軽率な振る舞いをこうまで天下にさらすようなことはしなかったはずである。

すでに旧聞に属するが、「無党派は寝てくれていれば助かる」、「日本は天皇を中心とする神の国だ」、「共産党は日本の国体に反する」といったような森氏の発言は、それ自体としては、何ら不当なものではない。しかしそれらは、いかにも「民主」のイデオロギーを挑発する類のものである。だから、民衆主権を表面で標榜する大衆にとって、それら凡庸・軽率な発言は好個の攻撃材料になってしまった。大衆はその種の攻撃を仕掛けるものだとわきまえた上でそうした発言をしたのなら、大衆の心理の裏面に、つまり国家の歴史に支えられてこその主権だという彼らの本音に、もっと食い込むような反応を森氏（および歴代の首相）は大衆の攻撃にたいして差し向けられたであろう。

だが、考えてみれば、大衆を深く懐疑するものが、そうおいそれと大衆の選挙の場に立候補してくるわけがない。つまり、マスデモクラシーにおいて際限もなく続く大衆リンチは、不法・不徳の制裁を加えるがわも加えられるがわもともに大衆の陣営に属しているという意味で、出来レースなのである。

迫る新世紀の混沌

この出来レースは、その社会が破局に陥り、大衆が茫然自失の果てに思考停止・判断停止にはまるまでは、止むことがないであろう。我が国のものたちを先頭にして、世界の大衆はそうした破局と（破局ゆえの）不能に向かって突き進んでいる。そう見きわめたなら、目前に展開されるマスデモクラシーの状況にいちいち眉をひそめる必要もない。要するに、帝政ローマの没落にも似た過程が引き返しようもなく始まっているということである。

この破局・没落のことを森退陣という卑近な現象においてみれば、森氏の後任が、おそらくは、森氏以上に日本社会の解体を促すような人物になるであろうと見通される。そういえば、「森の伐採は生態系を傷つける」という卓抜な科白を聞いたことがある。日本社会の生態系（つまり様々な要素の平衡のとれた状態）は、森喜朗なる凡庸・軽率な政治家が首相の座から降りたあと、混沌の度合いをいっそう深めるに違いない。

時あたかも、新世紀の混沌が、世界的な規模で、音立てて、進行しはじめてもいる。つまり、アメリカのナスダック（情報関連株）の株価低落が世界を同時不況に巻き込む気配が濃厚なのである。それは、ひとえに、ＩＴ革命なるものに新世紀の躍動を夢みようとしたエコノミスト（およびビジネスマン）、大衆の凡庸・軽率のせいである。それなのに、エコノミストやビジネスマンの多くは、日本の株価低落は「森首相の無責任や無能力への警告」とみてはばかるところがない。それどころか、その無責任・無能力は、森首相が「株価対策において無為である」ところにみられるということすら主張されているのである。

私は覚えている。「市場の声を聞け」というのは、政府にたいして市場への不介入を要求するものであったことを。規制緩和は「小さな政府」をいうにほぼ等しく、そして「小さな政府」は市場不介入をいうのとおおよそ同じである。森氏をはじめとする政府の無責任・無能力は、市場関係者にとって野放図な活動が許されるということにほかならない。その結果はといえば、IT革命への安易な着手とそのすみやかな挫折ということであったのだ。

国民ならざる大衆

政府の存在意義のうちで最たるものは、未来の「危機」を、つまり合理的に予測できないような不確実性を、(人工頭脳ではなく)人間頭脳の組織化によって制御せんと努めるところにある。逆にいうと、ITという技術システムもマーケットという社会システムも、危機にたいして無責任・無能力であるほかないのである。確認さるべきは、危機は個人の生活においても国家の制度においても、常在しているということである。

政府が重要なのは、また政治の指導者が大切なのは、家族から企業や地域を経て国家に至るまでの随処において生じる危機への制御をめぐり、全体としての輪郭を与えるのがその主務だからである。そしてその仕事は、そもそも合理的にはとらえられないのが危機であることからして、「知恵」としかよびようのない精神のはたらきを必要とする。そうした知恵がどこから出てくるかといえば、根本的には、科学的ならざる知識、つまり「国民の歴史感覚」からである。なぜといって、国民の歴史は危機の連続をかろうじて乗り切るところに成立したものだからである。

歴史感覚を失った国民は、国民ならざる大衆であるがゆえに、晩かれ早かれ、破局に向かっていく。その兆候がかくも顕著になっているからには、さらに大衆の進撃を阻止するのは叶わぬ仕儀である以上は、来るべき破局のなかで何を残すか、その残された何かを頼りにしていかに破局から立ち直るかを、そろそろ真剣に考えるべきではないのか。

その何かとは、端的にいえば、「教育」によって（たとえ少数であっても）「人材」を育てること以外にはありそうにない。いや、人材がおいそれと育つはずがない、それが大衆社会の恐ろしさであるとも知らざるをえない。そうとわかれば、いま必要にして可能なのは、「教育」のためのモデル・ケースとでもいうべきものを、あるいは「教育」の何たるべきかを強く示唆する「かたち」を残すことだと思われる。そういう教育の「かたち」を示しえたなら、破局からの脱出の「かたち」もまた浮かび上がってくるのではないか。

㉒中韓の教科書に日本も内政干渉せよ

（2001年5月）

「歴史」と「公民」にかんする「新しい教科書」が検定合格となった。これは、皮肉な言い方だが、朝日新聞のおかげである。つまり、その新聞が「新しい教科書」にかんする批判を展開し、それにつられて中国や韓国の政府がその教科書を検定不合格にするようにと日本政府に圧力をかけた。ついでにいっておくと、日本の外務省あたりにも奇妙な左翼役人がいて、朝日新聞がやったのと同じことをアジア諸国に向けておこなった。ともかく、ここまで公然と内政干渉をされると、その教科書を検定不合格にするわけにはいかない。そんなことをするのは国辱だ、との気分が政府・与党の方面に広がり、それで「新しい教科書」が陽の目をみることができた次第である。

私は、新しい公民教科書を書いたものの責任者として、この成り行きを喜んでいる。とはいえ、九十何カ所かの訂正を検定委員のがわから「命令」されたときにには、その訂正要求が基本的には戦後の「平和と民主」という固定観念に発するものであることがあまりに明瞭であるため、理不尽な、と腹立たしい気持ちにさせられた。せめて議論の機会が与えられれば、こちらには相手を論破する自信が大いにある。筋の通らぬ訂正要求を一方的に下され、当方の主張を、全面的に取り下げることは避けるとしても、弱めざるをえないというのは実に不愉快である。

しかし、私はその要求を基本的には受け入れた。それには二つの理由があって、その一つは、不満足ながらも左翼的偏見に毒されていない教科書を何とか世に出したかったということである。二つめの理由は、検定制度そのものは必要だ、と私は考えているという点にある。本来は、もし検定委員の選出が当を得ているなら、既存の教科書のほとんどすべてを検定不合格とするだろう。将来、日本の子供たちにかかる偏見に満ちた教科書が配られないようにするためにも、検定制度は残しておくべきだと私は思う。とくに、マスメディアとそれが作り出す世論とに信をおくことができない以上、検定制度がなくなれば、マスコミ世論の煽動の下に間違いだらけの教科書にのみ日本の子供たちが接する、という事態にもなりかねない。などと考えて、今回の訂正要求に渋々ながら従ったのであった。

内政干渉を否認する論調

話を戻すが、中韓の内政干渉そのものに異を唱える気は私にはない。だから、その内政干渉が不当であることを最大の理由にして「新しい教科書」を支持すると構えた向きにたいしては、私は反発を覚える。中韓が取り上げた「南京大虐殺」と「強制連行慰安婦」のことにかんしていえば、中韓両国の干渉が不当であるのは、彼らの事実認識が間違ったり歪んだりしているからである。彼らの事実認識が正当ならば、その日本にたいする内政干渉も本質的には正当なものと承認するほかない。さらにいえば、事実認識のことにかぎらず価値認識についても、その認識が勝れているのならば、彼らの内政干渉に譲歩せざるをえないのだ。私が中韓の内政干渉を非とするのは、それを支える事実と価値にかんする認識がとてもまともとはいえないからにすぎない。

だが我が国では、内政干渉をそれ自体として否認する論調が罷り通っている。そんな論調が通用するのは、帝国主義諸列強が旧植民地の独立国に、その独立国の法秩序をふみにじるような形で干渉する場合にかぎられる。日本は中韓の植民地ではなかったし、今の内政干渉にしても、多くの場合は、日本の法秩序を侵犯する類のものではない。そうならば、教科書についての彼らの要求も、彼らの外交の一環として位置づけるしかない。

逆にいうと、外交は、その半面において、つねに相手国への内政干渉を含むものだということである。したがって日本の外交も、教科書のことをふたたび例にとれば、中国や韓国の教科書がどんなに歪曲された認識にもとづいて書かれているかを批判し、それゆえ中韓の内政に干渉するような種類のものでなければならない。教科書の判定はその国の固有の権利に属する、だから相手国の教科書がどんなに間違っていても文句をつけてはならぬ、というのはむしろ外交における無責任というものである。中韓が日本の教科書に文句をつけるなら、日本も中韓の教科書に批判を差し向ける、その相互応答がなければ外交とはいえない。

一般に、人間の社会関係は連帯と敵対、依存と反発、同調と逸脱、共感と違和、そして理解と誤解といった様々な二面性を持つ。外交こそはその二面性をみごとに具体化してくれるのであって、それゆえ、「国際」に異国間の同一化のみをみるのは子供の所業にすぎない。国際関係には異国間の差異化もまた随伴するのだとわきまえておかなければならない。戦後におけるヒューマニズムの偽善や平和主義の欺瞞は、国際関係に人権の発展と友好の成長をのみみようとしてきた。その結果、リーベン・クイズ（日本鬼子）として日本人を描くような教科書が中韓にはびこっているというのに、それに一言の批判も加えないような腰抜け外交を日本はまだ続けるつもりらしい。それと比べたら、不当な認識にもとづくとはいえ、自分の国益のために日本に内政干渉せんとする中韓両国のほうが健全だといえるのではないか。

法律と道徳のバランス

忘れてならないのは、人間においてであれ国家においてであれ、「関係」を律する秩序は法律的なものにかぎられず、道徳的なものも含んでいるということである。たとえば、あの大戦争への処置についていうと、法律的には、講和条約とそれに伴う国家賠償でケリがついている。しかし道徳的には、侵犯されたがわの「恨み」に思う国民感情がそうおいそれと消え去るはずがない。ましてや、その恨みを表明するたび、日本が土下座せんばかりに謝罪し、そしてそれに金品の贈与までもが伴うとわかれば、日本人をリーベン・クイズにとどめておくことの利便はまことに大きい。

ここで、異国のあいだに共通の道徳体系は、公式的なものとしては、ないのだということを確認しておかなければならない。つまり、国家としての公的な態度においては、侵犯されたがわの道徳感情についてことさら配慮する必要はないということである。しかし私的には、相手の国人の道徳的な感情についても何ほどかは推測することができるし、共感を寄せることすらできるときもある。外交とて、具体的には、人格を有した外交官の私的な振る舞いを通じてしか表現できない。そうであってみれば、肝要なのは、道徳体系を異にする外国人への「話し方」のなかに、法律にかかわる公的な態度と道徳にまつわる私的な気持ちとをうまくバランスさせることだということになる。

このバランス感覚が戦後日本人において、すでに21世紀に入っているというのに、狂ったままである。そのことが教科書をめぐる国際的葛藤を悪化させる一因となった。いや、国際のみならず国内においても、日本人の国家意識があまりにも希薄になったため、たとえば人間の権利は、福澤諭吉らのいった権理（つまり、歴史の理法に叶う秩序のなかでの自由）の上に樹立されていない。その結果、私的な欲望が権利の名において横行している。私たちの「公民」教科書は、人間の公共性を国家意識の脈絡においてとらえることに腐心したことをここに報告してく。

㉓ファッション・ファッシズム

（2001年6月）

世論では次期首相候補トップに挙げられている田中真紀子氏、外相に就任するや否や、外務省との喧嘩沙汰に明け暮れ、挙げ句にアーミテージ（米国）国務副長官との会談をすっぽかしてしまった。そしてその理由を国会で追及されるや、「総裁選で多忙をきわめたのでパニックに陥っていた」と答えた。要するに、小泉首相は、「パニクリ」やすい女性を外務大臣に選んだわけだ。国際社会での外交よりも外務省との喧嘩を優先させるという醜態を、新政権は国の内外に開陳してしまったのである。

外務省をどうにかしなければならないことは私も認める。とくにその「平和主義」外交が我が国の国威をいかに傷つけてきたかを振り返るとき、中国や韓国からの理不尽的な対日批判に正面から立ち向かえるような外交官の育成が急務だと思われる。この点において田中外相に期待しうるところがあるであろうか。否である。というのも、就任早々、「歴史認識を歪めている人たちがいる」といって「新しい歴史教科書を作る会」を批判したのはほかならぬ田中女史であるからだ。

女史は、父親の衣鉢を継ごうとして、親中的な態度に傾いているのであろうと推察される。しかし、そういう井戸端会議での気分を超えて、女史がいったいいかなる歴史観なり国家観なりを持っているのかといえば、国会での発言を聞くかぎり、それもまた井戸端話を超えるものではないのである。

加えて、アーミテージ副長官を袖にしたことからもわかるように、女史には軽い反米の姿勢があるのではないかともいわれている。つまり、父親角栄氏は「アメリカによって血祭りに上げられた」、と女史が考えているらしいというのである。事の真偽はともかくとして、嫌米にせよ反米にせよ、その論拠を示すのでなければ、とても外相とはいえない。オヤジの恨み、というのは井戸端喧嘩にすぎないからである。

小泉首相は大衆の代理人

いずれにせよ、不適格な人物を小泉首相が外相に選んだ、との嫌疑は晴れそうにない。ましてや森前首相はその人事に強く反対したとのことであるから、現首相の人物眼が低きにあることを否定するのは難しいのではないか。私の確認したいのは、そういう新首相が、世論では、8割を超える支持を受けていることについてである。いいかえれば、世論なるものはさように蒙昧の底に沈むということだ。少なくとも、そういう可能性に配慮しないものをマス（大衆）とよぶのであり、またそういうものとしての大衆に迎合するのがポピュリズム（人気主義）なのだ、ということに思いを致さなければならない。

こういうことをいうと、すぐさま「大衆蔑視」との反論が返ってくる。そしてその場合、大衆と知識人（あるいは大衆と指導者）という構図で人間が分類されるのである。違うのだ、現代が「問題の時代」であるのは、知識人や指導者が大衆の一員（というより代理人）になってしまったところにこそある。大衆とは知識人によって啓蒙されたり指導者によって管理されたりする人々のことではない。自分に固有の意見を持たず、自己に高い教養を課そうとせず、多数者の意見たる世論に寄り添いつつ、自己を含めた多数者の欲望を解き放つのを権利とみなす人間、それがマスマンつまり大衆人である。現代にあって顕著に広がっているのは、知識人や指導者と称される連中が、実は、大衆人の群れの先頭にいるという光景にほかならない。

小泉純一郎氏はこの意味での大衆の（最高の）代理人である。そうした傾向はとうの昔に始まっており、日本社会は大衆化の波に徐々に身を浸してきた。足元から膝元へ、腰元から胸元へ、喉元から口元へ、と日本人の精神は大衆性を次第に濃くしてきたのである。小泉新首相が記念すべき大衆の代理人であるのは、このたびの政権誕生をもって、日本はまさに頭頂まで大衆社会という精神の泥沼に没したからである。

そのことを確認するかのように、小泉首相はテレビCMの場に罷り出ている。つまり、世論の大人気を背景にして、7月の参院選を目標にした自民党の商業的宣伝へと身を乗り出している。かつて宣伝にやすやすと乗る人々のことをさしてアドマスとよんでいた。今ではアドヴァタイズメント（広告）は人々の生活の重要な一部になりおおせている。そしてついに、首相がアドマスの王様になるという、脱出不可能な高度大衆化の時代が、時あたかも新世紀の到来とともに、やってきたのだ。

「デモクラシーの死」

自民党のみならずあらゆる政党が「大衆」政党に変じたのである。それもそのはず、小泉氏が総裁選において売り物にした標語の一つは「派閥解消」であった。昨日まである派閥の会長をやっていたものが派閥解消を叫ぶという図々しい振る舞いが歓呼をもって迎えられたのは文句なしの奇観であった。しかしそのことについて、ここでは深入りしない。私の指摘したいのは、フラクションつまり派閥の解消はパーティつまり政党の解体に直結するということである。

政党は、その体裁としては政策集団であるべきだが、肝心の政策がいかにして形成されるのかといえば、それは単に理屈（合理的精神）から出てくるのではない。政策形成にかかわるものたちが共有する体験と感情が、さらにはそれによって裏打ちされる関係者の組織的な繋がりが、政策を生み出すのである。ましてや、その政策を実際にいかに運営するかという実践の段階になれば、そうした（理屈ではなく）経験の側面が重要性を増す。派閥の本質は、こうした経験の共有にもとづく人間集団のことなのであるから、政党もまた派閥的な性格を持つといわなければならない。それなのに派閥解消のことを安易に口にするということは、現代の日本人が政党政治を放棄もしくは破壊したいと望んでいるということである。

こういう状況において首相公選制をいうのは、アメリカのものをはるかに上回るポピュリズムではないのか。アメリカにあっては、半年前に共和党のブッシュ氏と民主党のゴア氏が激しく競い合った経緯を振り返ればすぐわかるように、政党政治に基礎をおく大統領公選制である。我が国のは、少なくとも今始まりつつある公選制の論議は、政党政治に背を向けた上での、大衆人気を当て込んだ公選制である。もし首相公選制を認めるように憲法が改正されるなら、それはまさしく「大政翼賛」体制の復活となるに違いない。つまり、ファッション（流行）によるファッシズム（結束主義）がこの列島を覆おうとしているのである。

ファッション・ファッシズムはすでに始動している。誰も彼もが、根拠薄弱の小泉人気に便乗せんものと躍起になっている。しかも「小泉人気は7月の参院選までもつかどうか」と思いながら、皆がそうしているのである。小泉支持率は8割を超えているが、その人気の実体はと尋ねてみれば、通常の（商品世界における）流行と同じく、「周囲のものがそれに飛びつく気配であるから、自分もあえて率先してそれに飛び込もう」といった集団心理の結果にすぎない。

その結果に何が待っているか。おそらく、「デモクラシーの死」が我々を待ち構えているのである。それは、思想的にみれば、十分に戦慄すべき事態である。だが大衆は、その死を生の繁栄と見誤って、しばしとはいえ、小泉人気に浮かれているという次第である。

㉔言葉の乱れが政治を茶番にする（2001年7月）

各国の政治が、良かれ悪しかれ、激変している。とくに我が国のは、小泉氏の「聖域なき構造改革」の提唱が、その中味は定かでないままに、大受けに受けて、世論支持率90％ということになっている。自民党の支持率が相変わらず30％で、無党派も55％ということである。だから、大勢としては無党派が小泉支持を表明しているということなのであろう。無党派をみずから表明するということは、ありていにいって、政治についておおよそ無関心あるいは無能力であることの反映といってよい。そういう人々の「支持」によって政治が激変させられるのであるから、現代政治はその根底に爆弾を仕掛けられたようなものだといってさしつかえない。

民主主義の政治は、舞台の登場人物（政治家）たちが繰り広げる失態を、観客（選挙民）たちが半ばの同情と半ばの諷刺をもって眺める、という意味で喜劇の構造を持つ。その喜劇が今やスラップスティックに、つまり「どたばた」に転じたのではないかと私は思っている。登場人物たちが叩《スラップ》き合ったり突《スティック》つき合ったりするという低級な滑稽味が好まれるようになり、人生の深奥をうかがわせるような味のある会話が乏しくなったということである。

いずれにせよ政治は、生きた言葉によって演じられる、脚本が未定の、演劇である。その肝心の言葉が、どたばた調のなかで、きわめて貧相なものになりつつある。一例を示せば、外務大臣たるものが、公の場で、「疲れた」、「パニックになっていた」、「勉強してません」、「部下に恫喝されている」などと口走るのは、まさしく言語能力の衰退以外の何ものでもない。そういう物いは、飲み屋とか井戸端では十分に通用する表現方法なのではあろうが、国家の危機管理にもかかわる公の場にはふさわしくない。つまり、公私の別が見分けられなくなったという意味でも、政治はスラップスティックに化しているのである。

こうした言葉の乱調を正すための第一歩は、言葉の分類をしっかりさせることであり、そのための準備として必要なのは、類似語を正確に仕分けしておくことである。以下に、政治のことを念頭において、その類例を示してみよう。

世論と輿論

「よろん」は、もともとは、輿論と書かれていて、その意味は「人々の常識的な判断」ということであった。というのも、「輿《こし》」とは、車の台の部分を表わし、そこから社会の土台にいる普通の人々が抱く常識的な見解という意味が派生してくる。そして普通の常識とは何かとなれば、人々の慣習的な見解を今のTPO（時と処と状況）に適用したときに吐かれる言葉、ということになるであろう。留意しておきたいのは、輿論といったときには、「人々の慣習的な見解」という一線が強かれ弱かれ保たれているということである。

それにたいして、戦後に（当用漢字の制限で輿という字がつかわれなくなったので）使用されはじめた世論という言葉は、「せろん」と発音されることもしばしばあることからもうかがわれるように、「世間で流行している見解」といったことをさす。輿といえばそこに歴史にまつわる時間が感じられるが、世にあっては社会の空間しか感じられない。というのも、戦後日本では歴史感覚が次第に薄くなり、事実、技術革新が相次ぐために慣習の体系が休みなく崩されてきたのである。

庶民と大衆

このことと関係して、庶民と大衆の区別を押さえておくべきであろう。庶民とは、英語ではコモンマン（普通人）に対応するのであろうが、慣習をそうおいそれとは捨てずに、常識を大事として社会の底辺で生きている人々をさす。つまり庶民の抱く見解が輿論だということである。庶民を無知な人々とみなすのは大きな間違いである。というのも、庶民のコモンセンス（常識）こそが、あらゆる知識の大前提となるのだからである。要するに、庶民と知識人とは、ひそかにせよ、連携しているということだ。

これにたいし大衆は、少なくとも英語のマスへの訳語としての大衆は、庶民と似て非なるものである。20世紀後半からの大衆は、19世紀のそれのように「教養と財産」を持たぬ人々のことではない。大衆教育と大衆消費の進展のせいで、「教育と所得」を手に入れたのが現代の大衆である。また現代の大衆は、20世紀前半（全体主義の時代）のそれのように、「指導者によって操作される人々」のことではない。民主主義が存分に発達したので、かえって、指導者のほうが大衆の機嫌とりをしているのである。現代の大衆をどう定義すべきか。ホセ・オルテガという哲学者にならっていえば、「自分の状況に疑いをさしはさまぬ人々」つまり自己満悦に浸っている人々ということになる。その見本は専門人だともオルテガはいった。つまり、自分の手にしたせせこましい知識に満悦している専門人、それがマスマン（大衆人）のまぎれもなき典型なのである。というより、専門人と大衆人との連合軍、それこそが現代を制覇しているというべきなのかもしれない。

国民と人民

リンカーン大統領は「人民による、人民のための、人民の政府」といった。しかしこの場合のピープル（人民）は、当然のことながら、アメリカのナショナル・ピープル（国民）のことである。しかし、「国」にこだわるのはもう古いなどとの口説が罷り通っている我が国では、国民と人民の区別を明確にしておかなければならない。国を大事とするものはその国の歴史にも敬意を払う。つまり国民とは、自国の歴史とそこで培われる自国の文化とを背負う人々なのである。それにたいして人民は、歴史・文化あるいは伝統・道徳といった類のものからひたすら自由になろうと欲している人々をさす。

元来、パブリック（公民）とかシチズン（市民）というのも国民に近い意味の言葉であったのだが、国家の観念が薄らぐにつれ、それらは単なるピープル（人民）に近いものと解されるようになっている。しかしそうした人間観が、国家のみならず、家庭、学校、地域、職場、議会の一切に不道徳をまきちらしているとわかったからには、再興さるべきは国民の観念であり、そして国民にふさわしい意見と行為だということになろう。

国家と政府

ネーション・ステートのことを国民国家と訳すのは間違いではないのか。なぜといって日本語でいう国家とは「国民の家制」ということであり、それゆえそれ自体がネーション（国民）のステート（家制）に対応しているからである。逆にいうと、国民国家といってしまうと、国家が単なるステート（政府あるいは家制）に縮まってしまう。だから、国家批判などといった表現が罷り通ってしまう。もし国家が「国民の政府」とわかっていたら、国民批判の半ばは国民批判ということになる。国家とは国民が（直接もしくは間接に）みずから作り出す政府のことである。

このように日常用語のなかにすら意味の混乱し切ったものがたくさんある。言葉の意味を不明瞭にしたまま言葉をつかうこと、それ自体がどたばた喜劇だとそろそろわかってよいのではないか。

㉕「先行き不透明」を悪化させる小泉改革（２００１年８月）

今の日本において、行政府の統治（政府活動）と立法府の統治（政党政治）の両方が大改革の必要に迫られていることは確かなのであろう。とくに、行政における「公共事業」と立法における「派閥」とが癒着を起こし、いわゆる利権構造を発生させていることについては、耳に胼胝《たこ》ができるほど聞かされてきた。そしてその利権構造が経済全体の効率を阻害しているのであるから、公共事業とそれに直接に関与する（特殊法人をはじめとする）官庁および準官庁を縮小・廃止すべし、さらにはそれらの事業を民営に移すべし、とも声高に主張されてきた。その声音が最高潮に達したところで小泉政権がけたたましい産声を挙げた、という次第である。

こうした論議に接するたび、私は、次のような場面を想定したくなる。自分の妻や娘が不倫や援助交際に走り、その過程で彼女らは良からぬ仲間と怪しげな金品のやりとりをしているとしよう。それが由々しき事態であり、それを当たり前のこととみなしている妻や娘の素行は是が非でも正されなければならない、ということまでは私とてあっさり認める。しかしそれへの解決策として、家族解体にこそ着手すべきであるとか、妻娘の振る舞いの資金源となっている私の勤労や貯蓄をこそ禁止すべきであるとかいわれたら、私は「馬鹿は死なねば治らない」と言い返すだけである。

構造改革の陥穽

私ならば、まず、家族のあるべき姿を明確にし、次にその目標にたいして家族の成員の果たすべき任務を定める。私自身の勤労や貯蓄の主眼もまたそうした任務の達成におかれるほかないのだ、と私は確認する。

話を戻すと、公共事業のあるべき姿が議論されたことは、この間の改革論議において、皆無に等しい。たしかに、「道路」、「港湾」、「空港」、「治水」、「林野」そして「土地」それぞれの整備という6大公共事業のこれまでのやり方に無駄が多いことは、統計を調べなくとも、この国で生活していれば見当のつくことである。それらの事業に絡んで利権が張り巡らされていることについても同様だ。だが、為すべき公共事業の種類と規模とを定める、それが政治家と役人の本務ではないのか。無駄な財政支出を削るのは結構だし、民間でうまくやれるはずの事業を民営化するのはなおさら結構だ。しかし、公共事業を大幅に縮小したことの結果として、民間経済が短期的には（政府支出の減少による有効需要の減少のために）衰退し、長期的にも（市場での生産性を上昇させるための公共的な枠組が強化されないせいで）民間経済が浮上しない、ということだけに終わるかもしれない。かもしれないどころか、そういう悲惨な末路を辿るに違いないのが現行の構造改革なのである。

競争の「機会」が増えれば競争への「活力」もまた増大すると市場主義者たちは考える。つまり、政府が無駄なことや有害なことをやめれば、その分だけ市場の範囲が広がり、そしてその広がった市場には「かならず」活気がみなぎる、という楽天的な市場観に彼らはとらわれている。そうした楽観論は、たとえばヴェンチャー・ビジネスが次々と市場から敗退していくという現実によって、すでに打ち砕かれている。しかし現実がみえなくなるのが「主義者」の常であって、市場主義者たちは、「改革の痛み」に短期間だけ堪えれば、広くなった（市場という名の）庭に（生産や消費の）花々が咲き乱れると妄想するのである。

市場活力なるものは、当該市場の「先行き見通し」が明るいか暗いかによって大きく左右される。肝心なのは、その「先行き見通し」が公共事業の在り方から大きな影響を受けると知ることである。「市場活力の自動的増殖」を信じる（エコノミストという名の）粗忽者だけが、公共事業の「理想」について一考せぬままに、その「現実」を破壊せよと呼号するのだ。

創造的破壊という標語くらい誤用されているものも少ない。それは「理想に向けての創造」には「現実にたいする破壊」が不可欠だという意味であって、破壊のなかから自然に創造が生まれる、ということではけっしてない。公共活動の「理想」が示されなければ、公共活動の「現実」を取り除いたとて、それは単なる破壊をもたらして御仕舞となる。

公共活動の理想

私なりに、公共活動の理想を語ってみよう。私の理想は8項目から成る。

第一に、「金融の世界が賭博資本主義に席巻されているという現状をふまえて、一般消費者の金融への信頼を確保するために、国家的金融機関が小口の貯蓄や融資を引き受ける」。つまり私は、郵政解体には大反対である。

第二に、「エネルギー供給の原発依存率を倍増させる」。つまり私は、原子力発電の方向においてしか文明維持の活路は見出せないと確信する。

第三に、「国防費の対GNP比を2%にし、同時に、警察力を倍増させるのみならず、国家情報省の新設や軍需産業の育成に努力する」。つまり私は、国家の危機管理に多大の関心を払う。

第四に、「政治家の決断力を内容あるものにするためのものとしての政治家の説得力は派閥および政党の確執を通じて形成されるとの見地から、政党政治を助成する」。つまり私は、首相「広」選制には同意しない。

第五に、「家族制度の維持とその生活環境の健全化のために、補助金（および減税）制度を活用する」。つまり私は、勤労者・消費者の活力は、家族・環境が自然的かつ文化的に良好な条件の下になければ、保持されえないと考える。

第六に、「都市については技術と文化との平衡を図るべく、田園については景観保存と食糧自給（の倍増）の達成との平衡を担いつつ、官民の協調体制を作り上げる」。つまり私は、勝れた国土のなかに、勝れた国民が生まれると信じる。

第七に、「官民協調によって、学校・教育における国民道徳の普及と国際化への（日本人としての）適応に努める」。つまり私は、国民のヴァーチュ（生の力）は国民のヴァーチュ（徳の力）から生じる、という見解の持ち主である。

第八に、「技術知の研究・開発と道徳知の深化・拡大のために官民協調体制を作り上げる」。つまり私は、知識の発達という公共的な課題が、官にとっても民にとっても、究極の追求目標であるとみなす。

いうまでもないことだが、これらの理想を実現するのは、現在世代と将来世代とのコモン・エンタプライズ（共同の企て）である。いいかえれば、それに要する公債発行は各世代の国民が進んで引き受けるべき負担となる。その額がいくらになるかについては、ここでは詳述できない。はっきりしているのは、国債発行30兆円などといいつのる政治家は、またそれに唱和するエコノミストも、この国家の長期的国益にかかわる「共同の企て」にまったく無関心だということである。

与党の代表たる首相が政府与党の批判に狂奔するという光景が異常なのだと気づくべきである。民に任せば、市場に委ねれば、すべてがうまくいく、ということしかいわぬのは政治として邪道である。それでどんなに多くの人気を集められたとしても、その人気それ自体が巨大な無である。なぜといって、政治から逃走したり政治を破壊したりするのを政治的術策とするような政治家への人気はアポリティカル（無政治）に決まっているからだ。

㉖靖国参拝をめぐる首相の醜態（2001年9月）

8月13日、小泉首相が靖国神社に参拝した。ということは、敗戦――これを戦後日本人は終戦とよぶ――記念日の8月15日には参拝しなかったということである。こうなったについては、中韓両国からの激しい抗議が打ち続き、それに（朝日新聞をはじめとする）マスメディアと世論に迎合する（民主党をはじめとする）野党が唱和し、さらには自民党の内部からすら（外相や官房長官や幹事長をはじめとして）15日参拝への反対論が高まる、といった経緯があった。加えてアメリカがわから「日中関係を荒立ててくれるな」という要請が舞台裏であったとなれば、「政局」にのみ視野を限定するなら、小泉首相の選択もやむをえない、という評価になるのであろう。

だが小泉首相は、疑いもなく公約として、「8月15日に、どんな批判があろうとも、絶対に靖国参拝をする」と繰り返し断言していた。逆にいうと、このような国内外の反発について正しく予測する能力がなかったということである。もちろん、公約は絶対に果たさなければならない課題である、とみるわけにはいかない。そのように公約を絶対視するのは直接民主制の間違いである。議会および政党において「議論」が展開された挙げ句に、公約を取り下げたり修正したりするのはありうることとしなければならない。だが今回の場合、小泉氏は「熟慮している」といっただけで、一切の議論を拒んできた。それゆえ、小泉氏の公約違反のことが取り沙汰されざるをえない。要するに、首相における（公約発表の）思慮不足、（国内外の事情にかんする）洞察力の欠如、（自己の決断を実行するに当たっての）勇気の欠落が批判されなければならないということである。

最高責任者たるものは……

振り返れば、田中外相が首相の靖国参拝を批判したのにたいし、首相は「個人の信条（もしくは心情）でやるんですから、小さな問題ですよ」と発言していた。場当たりの物言いとはいうものの、「小さな問題」と表現してしまうところに首相の「思想」が堅固ではないところが垣間見られた。靖国参拝それ自体は、ほかの何人もの閣僚は参拝していることをみればすぐにわかるように、大した問題ではない。しかし小さな問題を大きな問題に変質させてしまう、それが政治の場における一般的な可能性なのだ。そういうことをわきまえていないのだから、首相の政治的資質はそう立派ではないとみるべきなのであろう。

さらに振り返れば、靖国参拝を「個人の信条（心情）」とみなすのが思想上の誤りなのであろう。ざっくりいえば、首相の私人としての信条（心情）はどうあれ、国家的な出来事における歴史上の被害者にたいしては、ましてや国家の命令によって死地に追いやられた人々にたいしては、国家の最高責任者たるものは、公人の立場からして哀悼の国家儀式に率先して参加すべきだということである。そのことを、閣僚に向かって、次に議会に向かって、さらには一般国民に向かって、宣言し説得する気力と能力が小泉氏にはなかった。それが今回の醜態を招いたのである。

公明党および社民党が、現憲法の第20条（政教分離）を持ち出して首相の靖国参拝に反対したことについても、首相は、「個人の信条（心情）ですから」ということ以外には何の発言もなさなかった。しかし、（アメリカの作った憲法原文の）レリジアス・アクション（宗教的活動）とは、宗教教育あるいは宗教的洗脳のような「積極的」な行為のことをさすと解釈しなければならない。むろん、どんな儀礼にも「教育」の要素は皆無ではない。しかし、物事には程度の問題ということがあって、たとえばアメリカの大統領が就任式で聖書に手をおいて宣誓する行為まで、政教分離の原則で非難するのは、道理に外れている。同じようにして、政治家が「儀式」であることが明白な宗教的な出来事に参加するのは認めてかからなければならない。

今回にわかに浮上したのは、サンフランシスコ講和条約の第11条である。つまり「日本国は、極東国際軍事裁判所並びに日本国内及び国外の他の連合国戦争犯罪法廷の裁判を受諾」する、という条文を引用して、A級戦犯を祀っている靖国に参拝するのは日本国独立の前提に反する、といいつのるものがたくさん出てきた。

「熟慮」とよべない振る舞い

これについては、第一に、法律が政治のかかわるすべてではない、といわなければならない。法律的に「戦犯」であることを受け入れつつも、彼らの行いを政治的に肯定的に評価することは可能である。道徳的評価となれば、戦後日本人の道徳感を平和条約に縛られるいわれはない。というより、そのように縛られているものは、軽蔑さるべき、東京裁判史観の持ち主とよばなければならない。ましてや、神道にあっては、たとえ法律的罪人であっても弔うべし、とされている。サンフランシスコ条約を持ち出すのは、戦後平和主義にまどろんでいたいものたちの戯言というほかない。

第二に、東京裁判の判決を法律として「受諾」することと、その裁判・判決を「批評」することとは両立可能である。受諾した以上はその判決を全面的に正当としなければならない、というわけではないのである。あっさりいって、それは戦勝国の法律的裁判を装った「みせしめ」の儀式であった。そうみなすのでなければ、事後法によって人間を死刑に処す、などという法律的蛮行を受け入れられるわけがない。つまり当時の日本は、その「みせしめ」に服したということだ。しかしその条約締結から50年経った今も、「みせしめ」に従順であろうとするのは、それこそ対米属国の下来根性といわなければならない。

田中外相や鳩山民主党代表の提案している「国立共同墓地」についてはどうであろうか。小泉首相は「それも検討に値する案だ」と暢気にコメントしていた。しかしここで最も問題となるのは、死者たちの生前の意志ということである。多くの兵士たちは「靖国」に祀られることを予定して戦っていた。戦後も、靖国で戦死者たちを祀ることに何ら不都合は生じていなかった。具合が悪くなってきたのは、中韓両国の反日活動が活発になり、それに呼応して国内のいわゆる平和主義勢力が騒ぎ出してからである。そういう政治主義的な意志を戦争で亡くなった軍人たちの意志の上におくためには、よほどの亡国さらには売国の精神が必要である。

こういう事柄について小泉首相は一言もなかった。一言もないままに参拝日を13日にずらすという形で事態の収拾を図った。そういう振る舞いを「熟慮」とよぶわけにはいかない。失礼な言い方だが、ナントカの考え休むに似たり、といいたくなる。敗戦記念日の靖国参拝、ということそれ自体にこだわっているのではない。そのことをめぐって、どういう政治的論議が行われたか、その論議を首相がいかに領導したか、そこに国民の政治意識が映されるのである。その論議にあって「沈黙」が大事であるときもあるであろう。しかし、終始一貫、まともな発言は何もしないというのは、とくに日本の「言挙げ」が大事となっているこの時局にあって、言語道断である。ひょっとして小泉氏は本当にナントカなのであろうか、という疑問が湧いてくる。

㉗グローバリズムの崩落

（2001年10月）

グローバリゼーションとは、元来、「広域化」ということであって、それについてならば、すでに30年も前から、消費や流通の、そして原料や食料の供給の広域化として、さかんに論じられてきたところである。その間に判明したことの一つは、広域化がトラブルなしにはすまないということであった。たとえば、東京を例にとると、広域化につれて居住条件や自然環境や交通事情において解決困難な問題が続発してきたのである。

それら国内の経緯を振り返れば、広域化のためのスタンダード（標準）が簡単に見つけられるという思い込みの下に始まった最近のグローバリズム論は軽率のきわみであったと断じざるをえない。つまりグローブ（地球）の上には、しばしば武力衝突に至るほどの、国際対立の亀裂が縦横に走っているのである。

そのことをいわば「負の象徴」として衝撃的な形で示したのが、アメリカを襲った今回の同時多発テロではなかったか。

米国標準への暴力的反抗

この事件の背景について私は詳らかにしえないので、ごく概括的な印象しか述べることができない。しかし、非常に強い印象として、世界をアメリカン・スタンダードで律することにたいする暴力的反抗である、という思いを抱かざるをえない。つまり、世界の金銭、武力、情報がアメリカの裁量で左右されるようになった、という近年の世界的動向に痛打を与える、それがこのテロルの狙いであるように思われる。また、私と同様の思いを持っているものが少なくない、といって大過ないであろう。

テロリズムを弁護しようとか応援しようとかいう気持ちは私には一片もない。私のいいたいのは、国家であれ世界であれ、リーガル・アルゴニズム（法律的計算法）だけでは統治できないということにすぎない。法律は、国内法にせよ国際法にせよ、道徳によって基礎づけられるのでなければけっして安定的なものにはなりえない。そして世界に普遍的な道徳などは存在した例《ため》しも、存在する見通しも、まったくないのである。その点で、「人権外交」を標榜し、それがうまく運ばないと（他国人の人権をふみにじることも厭わずに）武力に訴える、というアメリカの流儀を正当化するわけにはいかない。その方式は、遅かれ早かれ、強烈なカウンター・アタックをくらうであろう、と少なくとも私は予想していた。

このテロルはまことに由々しき事態を予感させる。つまり、「文明の衝突」なるものが絶え間ないテロルの嵐となって吹き荒れる、という光景が21世紀の最初の10年あるいは20年を覆うのではないかという予感である。こうした予感は過ぐる20年間に事情通によってしばしば語られてきたのであったが、それが我々の眼前にありありと示されたのが、この「世界貿易センター」への（航空機をハイジャックしたうえでの）「特攻」なのである。アメリカは、その国柄からして、徹底した犯人究明と報復遂行に向かうではあろう。しかしそれは、かならずや、さらなるテロルの誘因となるに違いない。だからグローバリズムはすでに崩落の最中《さなか》にあるとみてよいのである。

国防なくして何の国家ぞ

ところでわが国の首相は（訪米の機中で）「自分は根っからの親米派だ」と宣うような人物である。そのこと自体の是非はここでは問わない。いや、長きにわたってアメリカのサボーディネイト（配下）に甘んじてきたから、日本はついにこのような首相を戴くことになってしまったのだ。また外相にしても（ハノイの余興の寸劇で〝パンパン〟よろしく）パウウェル国務長官にアオザイを着て抱きつくような御仁ときている、と嘆くべきなのであろう。ともかく我らの代表者たちは、どの国にどういう形で親近感を示すか、それが自国を危殆《きたい》に瀕させたり救済したりすることもあるのだということについて無関心あるいは無知なのである。

日本とてテロルと無縁でおれない場所にいる。このことはいくら強調してもしすぎるということはない。中国大陸や朝鮮半島という政治的にきわめて複雑かつ微妙な関係にある日本、そして資源問題にかかわってアラビアの地と不可分でありながら不安定なつながりしか持てないでいる日本、そうした自国の事情に配慮して言動する姿勢が我らのアプレゲール（戦後派）内閣には欠けている。その種の徴候は戦後の半世紀余に徐々に強まってきたのであるが、ついに、「根っからの」親米派であることを臆面もなく公言する首相が現れる始末となったのだ。

したがって、聖域なく改革されるという戦後日本の「構造」において、国家の危機管理のことをめぐっては何一つ改善の兆しがみられない。ここ10年、自衛隊を強化する必要が公論の表面にせり出したことは一度もない。それもそのはず、集団的自衛権は日本国憲法に合うか反るかがまだ議論されている段階なのである。ましてや憲法の改正は、その必要を認める声がすでに世論の半数を超えているというのに、いぜんとしてタブーの領域にある。国防なくして何の国家ぞ、という常識がこの列島では通用しないままなのである。それゆえ、「国家の危機に際してはすすんで戦う」という若者が20%を切る——ついでにいっておくと他国はおしなべて80%に達している——という惨状が、この国では反戦意志の印として誉め称えられている有り様ときている。

敵対感情が随処に噴出

国内の危機管理にしても然りである。警察官の不祥事は繰り返し暴露され糾弾されている。しかし日本の警察官の員数が、対人口比において、先進国のなかで一番低いほうだということを知っているものはほとんどいない。加えて、不法滞在外国人の犯罪が急増しているにもかかわらず——というより、検挙率が20%を下回るという事情のなかで、外国人の犯罪が闇のなかで行われつづけているというのに——それにたいする特別の対策は、外国人差別を助長するという歪んだ名目の下に、なおざりにされている。

そして国家機密にかんしては、それを情報公開せよという民主主義的要求は止むことがない。国家機密法の制定は国家主義を強化する、それが民主主義だというのだから、この国では、国家は国民のものではない、という愚説が罷り通っているとみるほかない。あるいは「民」は単なるピープル（人民）であって、断じてナショナル・ピープル（国民）ではない、というのが戦後の常識になりおおせたということである。そうならば、たしかに、国家がグローブ（地球）のなかに拡散しても不思議ではない。

私は問いたい、日本の政府機構がたとえば反アメリカニズムを標榜するテロルの目標にされるようなとき、日本列島に住まう人民はいったいどうするつもりなのかと。何を為すかの前に、国家は要らぬといった徒輩がはたしていかなる理由で自分らの国家が破壊されるのに反対するのであろうか。いずれにしろ新世紀の地球は、来るべき新秩序のための産みの苦しみのようにして、テロリズムの時代に入ろうとしているのではないか。そういいたくなるほどにアンタゴニズム（敵対感情）が世界の随処に噴出している。そのことを少しも感じとれぬものたちが、政界のみならず言論界においても幅を利かせている。それが日本の特殊に今日的な状況である。

危機の前での改革踊りはそろそろ中止すべしといっておきたい。

㉘国内治安は大丈夫なのか

（2001年11月）

私事から始めて恐縮であるが、小生の自宅がピッキングに襲われそうになった。家族のものがタクシーをよんで出発のあと、すぐに忘れ物に気づいて戻ってみると、我が家の玄関前に黒ぬりの古いワゴン車がぴったりと張りついて、車のなかから我が家の様子を窺っているようであったという。運転席にいた男たちの顔つきは忘れようとて忘れられないくらい陰惨なもので、息子によれば「人を殺してきた者の顔」と思われたという。

最寄の警察署の方も「所轄の区域ですでに10件に近いピッキングの被害が報告されている」といっていた。そういえば、近所の町にいる私の兄の家も半年前に被害に遭ったとのことだ。「不法滞在外国人と日本の暴力団との結託」というのが本当かどうか私は詳らかにしないが、ともかく、泥棒・強盗・殺人のギャングが今や東京郊外へと進出してきているのは確からしい。私は、さっそく、私にとっては大枚をはたいて防犯施設の強化に取り組んでいる。

この1カ月余、ハイジャック機テロル、タリバン攻略そして炭疽菌のことをめぐる話題が国会から家庭に至るまでを埋め尽している。その話題はいうまでもなくグローバル（地球的、大域的）なものである。しかし、はっきりと確認されなければならないのは、テロルつまり「法律外の物理力の行使」を防止する仕事は、少なくともその第一段階は、それぞれの国家によって果たされるほかない、ということである。

「国家の危機管理」が問題

ここ10年間ばかり、国家つまり「国民とその政府」にこだわるのはもう古いと識者とやらたちが宣ってきた。その結果として国家は、対外的にはグローバリズム（地球規模での普遍主義）によって融解させられ、そして対内的にはディレギュレーション（規制緩和）によって解体させられてきた。それがただちにテロルへの無防備という事態につながったのである。だから、我が国での思想的な脈絡からいえば、今度のテロルは、「聖域なき構造改革」に狂奔してきた政治家、知識人、経営者として一般市民のすべてに向けられてなされたのだ、といわなければならない。

そのことを銘記するなら、「国家の危機管理」そのものが、正面から論議さるべきだということが了解されよう。そして国家の危機管理が問題だとわかれば、インド洋に武器弾薬を輸送するのも大事だが、その前に、日本国内の治安を守るのが急務としなければならない。自国の安寧を保てないものが他国のなす武力行使に協力するというのはおこがましいというほかない。そうであればこそブッシュ大統領は、上海でのＡＰＥＣに出席するに当たり、「中露の指導者と国際的テロル対策で話し合いたい」と発言したのだ。つまり武力にかかわる問題では、「日本は頼むに足らず」、というのが国際社会における常識となっている。それもそのはず、犯罪者の検挙率が

20%を切っても、青少年の凶悪犯罪が激増しても、精神障害者の凶行が頻発しても、この国では防犯体制の強化についての議論が一向に盛り上がらない。自国の治安を保とうとしないものが国際社会の平和に、つまり「戦争のない状態」に、本気で協力するとは誰も思わないのである。

最近、がら空きの交番が目立つ。そこには「御用の方はどこそこに電話を」という表示があるのだという。それはひとえに警察官の数が少ないからである。正確な数字はまだ調べていないが、先進諸国のなかで、日本における（対人口比での）警察官の数は少ないほうなのだという。検挙率と警察官数のあいだに強い相関があることは疑いようがない。また、検挙率の増大が犯罪者の減少をもたらすであろうことも容易に推察できる。そうならば、警察官の員数増加のことについて真剣な検討がなされて然るべきだ。しかし私の知るかぎり、そういう検討が進んでいるという気配はみじんもない。要するに、被害が我が身に及ぶまでは、誰も社会の安寧に関心を払わないということである。

もちろん、社会の治安は警察だけの仕事ではない。いわゆるＮＧＯ（非政府組織）が社会の治安を担うということも大いにありうる。いや、ＮＧＯというのは大仰かもしれない。私のいいたいのは、コミュニティ（共同体）が確立されていれば、そこでの情報交換や協働行為によって犯罪をかなりに防ぐことができるであろうということである。しかし、少なくとも大都市については、住宅地域も商業地域も、共同体的な性格を薄めていくばかりで、人々は（集団を離れて）個人となり、さらに（公的空間から遠のいて）私人となっている。したがって社会における集団的かつ公共的な仕事はすべて政府が担当する仕儀になっている。それなのに政府批判の激しさをもって民主化が進行していることの証拠とみなす悪習がこの国には染みついている。その結果が、犯罪大国・日本ということなのである。

対内治安と対外防衛

話を戻すと、タリバン攻略はあと数週間で完了するのだという。それが本当なら、あと数年間は、国際間の巨大テロルは静まるのであろう。しかしすでに、今回のテロルの淵源であるパレステナにおいて抜き差しならぬテロル合戦が生じている。テロルのない世界を考えるのは夢想にすぎないのだ。世界の多数派によって抑圧されていると強く感じる少数派は、まず既存の世界システムから脱出し、次にそのシステムを壊すべく外部からフォース（物理力）を行使するかもしれない。それすなわちテロルなのだが、テロルは、いくどか封殺され圧殺されたあと、世界システムの最も弱い環を狙わざるをえなくなる。そして最弱の環が日本であることについては世界が同意しているのだ。

外部からのテロルにたいして強いか弱いかは、その国の内部の治安体制が整っているかどうかによる。つまり「内と外」とはつながっているのである。その点で、今度の「テロ対策新法」には、それ自体においてではなく、国内防犯体制と分離されているという意味で、大きな難点がある。テロル対策においてアメリカへの協力を高らかに宣言するということは、テロリストたちの報復のターゲットとして名乗りを挙げるということだ。そうしなければならぬ局面が国際政治には起こりがちなのだが、そうであればこそ、テロルの来襲にたいして備えを強化しなければならないのである。

どだい、我が国のなそうとしている「後方支援」などは、「仲間に喧嘩をやらせて、うしろから握り飯を運んでくる」類のことにすぎない。昔は、そういうのは女の仕事であって、男ならば卑怯者の振る舞いとみなされていたのだ。そんな程度のことについて、憲法の制約がどうのこうのと騒いでいるのであるから、対内治安と対外防衛との有機的結合を提案してみても、この国民から馬耳東風の扱いを受けることは必定である。そのことを見込んで、自分の地位を守りたい政治家は憲法改正の必要を提唱しようとはしないのであろう。最も情け無いのは知識人であって、守るべき地位などは与えられていないのに、口を噤《つぐ》んでいる。

いや、今のアフガン問題のように、高見の見物ができる場面となれば、有り合わせの情報を手早く張り合わせて、やかましく喋々するのが知識人というものであるらしい。私は言いたい、あのハイジャック機テロルは、こうした日本の知識人の卑劣な精神にもグサリと突き刺さったのだと。

㉙世界はブロック化される

（2001年12月）

経済のグローバル化が世界に不均等発展をもたらしていることはもはや疑いようがない。富める国々と貧しい国々との二極分解が起こっているだけでなく、すべての国の内部において、世界市場に乗り出すことのできる企業・産業と衰滅を待つばかりの企業・産業、という分裂状態が生じているのである。アルカイダ・テロルが発生したのも、またこのテロルが多くの人々から（表面ではもちろん否定されても、裏面では）一定の感情的な支援を受けているのも、こうした世界市場の危機を背景にしてのことと思われる。

深刻な亀裂が走っている

世界市場に深刻な亀裂が走っているについては二つの原因を指摘することができる。一つは、変動為替の下では、貿易収支と資本収支の総合的に均衡させる為替レートは、一般に、貿易収支の黒字・赤字を累積させるということである。したがって貿易赤字国では国内産業が不振に陥り、失業問題が重大化しがちとなる。それに加えて、貿易黒字国の金融資産が、将来にかんする不確実な見通しの下で、金融経済における投機活動に向かう傾向がある。そのために、世界の実体経済が（それゆえ失業問題が）いっそう不安定化させられる。

もう一つのより重要な原因は、あまり指摘されないことなのだが、いわゆる「規模の経済」ということである。スケール・エコノミーつまり「規模の経済」とは、大規模生産のほうが効率性が高い、ということにほかならない。この「規模の経済」を享受する産業は、高い労働生産性のおかげで勤労者に高い賃金を支払うのだが、その技術構造が資本集約的であるため、多くの雇用を吸収することができない。そして多くの雇用が潜在失業を抱える（「規模の経済」から見放されている）低生産性部門は、発展途上諸国からの（低賃金を利用した）安価な輸入品によって、さらに大きな打撃を受けることになる。ましてや、それらの発展途上諸国の産業は、先進諸国からの大量の直接投資によって活性化させられるとき、「規模の経済」をすら獲得する。その結果、各国の低生産性部門の衰退がさらに推し進められる。「規模の経済」にあっては、市場は独占もしくは寡占の状態になるほかなく、自由競争のメリットは実現されえない。世界市場の実態はすでに寡占的競争に入っているのであって、そうした類の市場が不均衡や不安定を示すのは、経済学の理論と経済史の事実が教えてくれているところといってよい。一言でいえば、世界経済は「不均等発展」を如実にみせつけているということだ。その不均等ぶりは、未来の不確実性と規模の経済という現代経済に内在する要因にもとづいているのであるから、自由市場の拡大などという施策は、その不均等を拡大しこそすれ縮小させることはない。グローバリズムやマーケッティズムが実現されるにつれ世界経済が混迷の度を深めているのはそのためである。

世界経済の秩序形成

いったい、世界経済の秩序はいかにすれば達成されるのか。国連が頼りにならないことは明白である。国連は、あるときはいくつかの強国によってその鼻づらを引き回され、ほかのあるときはいくつもの弱国の不満の吐き捨て場所となっている。また、G7であれG8であれ、主要な国際首脳会議は、あるときは国益のせめぎ合いであり、ほかのあるときは偽善や欺瞞に満ちた国際儀礼の催し場となっている。要するに、グローブ（地球）は統一的に秩序化されるには大きすぎるのである。そしてすでに述べたように、世界市場の自由競争が調和に至るというのは経済学の夢物語にすぎない。

確認さるべきことが二つある。一つは、各国の経済がインディカティヴ・プランニング（指示的計画）によって基礎づけられ方向づけられなければならないということだ。それは、経済の「土台、枠組、方向」を公共当局が指示し、あとは市場にゆだねるというやり方である。これが「未来の不確実性と規模の経済」の下での適切な経済運営だと思われる。

二つは、そのインディカティヴ・プランニングの国際的調整が必要なのだが、その調整の範囲は「ブロック」という形をとるであろうということである。ヨーロッパ連合や北米自由貿易機構にみられるように、ブロック化はすでに始まっている。ブロックの定義は様々であろうが、それが風土から文化を経て政治に至るまでの「歴史的共通性」を背景にしていることはいうまでもない。アジアについては、東アジアとか東南アジアとか、いくつかのブロックを想定することができるが、いずれにせよ、各国間の「協調と反発」の歴史がブロックなるものの主たる形成因となる。いいかえれば「国民社会《ナチ》」を「束ねること《ファッショ》」において、近隣諸国との「歴史にもとづく交渉」が必要だということだ。

地球主義の迷妄から醒めよ

１９３０年代のブロック化が世界を分裂させ世界大戦の原因となったことを思うと、ブロック間の調整が重要であることは論を俟《ま》たない。その調整において国連やＧ７が小さくない役割を果たすことも否定できない。私がいいたいのは、各国民社会と世界のあいだにブロックという段階が必要であろうということにすぎない。諸個人と世界をインターネットで結ぶというのは悪い冗談である。１９０個の国民社会を国連でまとめ上げるというのすら不可能に近い。現実的に考えると、世界の諸ブロックへの分解と諸ブロックのあいだの調整という中間段階の国際政治過程を正面から取り上げざるをえないのである。

そういうブロック形成とブロック間の調整はこれまでも進められてきた。しかしそれらは、あくまで、その場の必要に応じたアドホックな（特別の役割を帯びた）ものにとどまっていた。世界秩序のいわば段階論としてブロック化が検討されるべき時期が到来したといわざるをえない。それは、個人↔国民社会↔ブロック↔世界、という秩序の連鎖の欠かせない一環なのである。

だがブロックがあくまでいくつかの「国民社会」の集まりである以上、それぞれの国民社会がしっかりとした輪郭を持たなければブロック形成は覚束ない。とくに、各ブロックが他のブロックにたいして「開かれつつ閉じられる」という二面性を保ちうるかどうかは、各国民社会が（ブロックの内部で）他の国民社会にたいしてそうした両面性を堅持できるかどうかということとパラレルである。つまり半開半閉の国民社会を束ね上げるという意味で、新たな「ナチ」なり新たな「ファッショ」が求められているのである。

ナチとかファッショと聞いたとたんに精神的アレルギーを起こすのが、ここ半世紀間の人類のならわしになっている。たしかに1930年代のナチズムもファッシズムもけっして再現してはならぬ悪しき秩序化である。それらには、内部に向かって結束すると同時に外部にたいして寛容であらねばならない、という国民精神の二重性が決定的に不足していた。

しかしそのことを承知しつつも、今の世界が、1930年代を思わせる危機的な分裂に入っているのを見逃すわけにはいかない。必要なのは、開かれた「国民」とそれら諸国民による開かれた「ブロック」とを形作っていくことである。今進行中の世界市場の蹉跌はその必要を強く示唆している。日本人よ、自由主義や地球主義《グローバリズム》の迷妄から醒めよ、と警告しておきたい。

㉚「安全網」を経済の内部にビルトインせよ

（2002年1月）

我が国の失業率が5・4％になった。そして、この秋の経済成長率も（年率に換算して）マイナス2・2％とのことである。世間で「大失業時代の到来」のことが公然と口にされるのも無理からぬ成り行きだといえよう。おまけに、日本経済と深く結びついているアメリカ経済が、ITバブルの崩壊とともに、日本のと同水準の不況に突入しつつある。加えて、お隣の中国から、低賃金にもとづく安価商品が休みなく流入してくるのであってみれば、日本経済の先行きには何一つ明かるい材料はないのである。

いや、日本の国家が先導して日本経済に道標を与えれば、日本の経済人の市場活力が高まるに違いない。しかし日本人がこぞって支持している小泉内閣は、「民営化」が無条件に社会正義であるとみなし、国家の役割を放棄している。要するに、日本経済を地獄の三丁目へ追いやっているのは日本人自身の選択だということである。厳密にいえば、それは「現在世代」の日本人の選択であって、そんな選択から被害を受けるのは我らの「将来世代」である。

「組織」こそが「安全網」

自分らの子孫のことを多少とも気にかける人々は、最近、セーフティネットのことに言及する。つまり、市場競争で敗れた（失業者のような）人々を「安全網」によって救済しようというわけである。具体的には、「失業保険の給付期間を延長する」、ただし「その間に（インターネットのような）ITにかんする職業訓練を受ける」、という施策が発表されている。

しかし、IT不況のさなかにおいてIT訓練というのは筋違いという気がするし、国債30兆円と決めておいて保険金給付の延長というのは道理が通らない。要するに、「安全網」の必要を痛感しはするものの、その網の縫い方がわからぬ、といったところなのであろう。かくて市場競争という綱渡りからの転落者は、増えこそすれ、減る気配はないというのが現状である。

私は、安全網という考え方そのものに大きな欠陥があると思う。それは、まず、市場での争いという危ない営みを人間社会の中心に据え、その上で、次にそこからの転落者を救おうという思想である。しかもその営みは、経済学の教科書でいうような（市場で示される価格に企業や家計が受け身で反応するという意味での）コンペティション、つまり競争ではない。市場に実際にあるのは、カットスロート（喉切り）も辞さないような熾烈な寡占的エミュレーション、つまり競合である。

それを放置しておいて、そこからの落伍者に手当てをしようというのは、過酷すぎる制度ではなかろうか。綱渡りのようなアクロバティックス（曲芸）は特殊な訓練を受けたもののみがやる所業であって、普通の人間にできる「危ない営み」は、せいぜいのところ、丸太くらいの広さを持った橋を渡ることだ。逆にいうと、そういう安全網が「競合」のなかにビルトイン（組み込み）されていなければならないということである。

「危ない営み」を合理的計算に従って遂行できるとするIT論は完全に間違っている。そうした合理的計算は、未来の不確実性が、確率計算の可能なものとしての「危険《リスク》」である場合にのみ、妥当する。確率計算などは不可能な不確実性が「危機《クライシス》」なのだが、危機に直面するとき、市場は挫折するほかないのである。

危機に対処できるのは人間のオーガニゼーション（組織）のほかにない。「組織」こそが競合の道程にビルトインされている「安全網」なのである。ところがこの間の改革論議は、「日本的経営はもう古くさい」とさげすんで、市場から組織の要因を追い払うのに精出してきた。で、企業主といい勤労者といい、個別では危機に満ちた競合に堪えることができず、倒産したり失業したりする。そういう事態を生み出したあとで、彼らを安全網で救おうというのは、人間をアクロバット扱いする暴論だといわなければならない。

仕事の分配と公共活動

もし組織というビルトイン・スタビライザー（内蔵安全装置）の重要性がしっかりと確認されていたなら、失業保険のことをいう前に、「ワークシェアリング」の是非が問われたに違いない。ワークシェアリング（企業内部における仕事の分配）とは、勤労者の馘首をできるだけ避けて、そのかわりに勤労者への賃金を切り下げるやり方である。そうすることによって既存の組織が防衛される。そして組織が健在なら、企業は危機への対応力を保持することができるのである。

ワークシェアリングが広がれば、新規の求職者が、具体的には若年の勤労者が、勤労にありつけなくなる。若年者が早々と失業者になるというのは、国家の将来にとって由々しき事態である。だが、そうした若年者は公共活動に従事すればよいのである。幸か不幸か――本欄でいくども指摘してきたように――市場にたいして「土台・枠組・方向」を指し示すものとしての公共活動は目白押しに並んでいる。資源・エネルギー、都市・田園、家族・環境、学校・教育、研究・開発そして危機管理・国策形成などといった公共活動に支えられなければ、市場の「競合」は、不安定をきわめる。つまり、ブーム（膨張）とバースト（破裂）を繰り返した挙げ句に崩壊する。

民間企業におけるワークシェアリングと政府関連部門でのパブリック・アクション、これこそが社会にとって最も有効なセーフティネットではないのか。リストラ（再構築）の名の下に民間では失業者を生み出し、そして政府を解体させる、そのこと自体が危機を醸成させているのである。一方で危機を創出する類の「構造改革」をやっておいて、他方で「安全網」を設置しますというのは、マッチポンプの所業といわれても致し方ない。人々が、日常の生活のなかで何とか安心して暮らしていける、それが本来のセーフティネットの考え方でなければならない。

パブリック・アクション（公共活動）をなすのは「政府関連」の部門だといったのは、いわゆるNGOのことがあるからである。公共活動にたずさわる「非政府組織」が増えていることは周知のところである。実際、若年者の少なからぬ割合が、民間企業で利潤動機にかられて四苦八苦するよりは、NGOで公共的に意義のある営みをなしたいと希望してもいるのである。

ただし、NGOにとっての公共性が人道とか人権といったようなきれい事に流されているのは要注意である。そのようなきれい事を謳うNGOにおいては、今日のテロ事件でも暴露されたように、ブラック・マネーのロンダリングに悪用される、といったことすら生じている。人道・人権の具体的内容は国家ごとに、さらには地域ごとに、異なっているのだ。そのことを理解すれば、NGOの公共活動は「共同体の再興」といった形をとるべきだということになる。人道・人権という抽象的な理念にたぶらかされるのではなく、家族から始まり地域社会を経て国家に至るまでの共同体を再建するという営みにおいてなら、人道・人権を具体的な現実としてとらえることができる。いずれにせよ、公共活動によって様々な共同体を社会のなかに定着させていく、それがセーフティネットの（ワークシェアリングの横糸と並ぶ）縦糸なのだと思われる。

㉛ヨーロッパに学べ――文化による経済の防衛（2002年2月）

ヨーロッパの統一通貨ユーロがいよいよもって本格的に発足した。EUにとっては都合のよいことに、アメリカと日本の経済が、ということはドルと円が、本国の経済不況を反映して弱体化している。通貨の世界は、少なくとも短期においてみれば、すべて相対的な関係のなかにあるのであるから、ユーロはひとまず安全な地歩を固めることができているわけである。それのみならず、中国はヨーロッパからあまりにも遠距離にある。つまり、中国の低賃金と（ドルとの）固定為替を利用した安価商品の輸出攻勢をヨーロッパは受けなくてすむのである。

いや、輸出力そのものが技術的にいって飛躍的に上昇している今日では、「距離」という物理的要因は貿易にとってさしたる障害にはならない。だから、「中国商品がヨーロッパに入りづらい理由」を別個に求めなければならないのである。私が注目したいのは、ヨーロッパ各国に残存する（英語でいって）コミュニティ、（独語でいって）ゲマインデについてである。それらは（日本語でいえば）共同体のことにほかならない。共同体とは、共同の価値・規範の上に成り立つ共通の習俗・習慣の体系のことだといってよいであろう。その具体的な姿はとなれば、ひとまず、家族や地域社会をその見本として挙げることができる。

有機体としての共同体

共同体を植物のようなオーガニズム（有機体）になぞらえるのは誇張だとしても、オーガニシズム（有機的な構造）が共同体を支えていると形容することくらいは許されるであろう。つまり共同体は、有機体がそうであるように、一つに、それぞれ固有の構造（基本的な形態）を有しており、二つに、それの機能（はたらき）も時間をかけて徐々にしか変化できないのである。一言でいえば、ヨーロッパの家族や地域社会は（日本に比べて）はるかにスティッキー（粘着的）なのであって、市場における価格変化や技術変化にたいしてあまり鋭く反応しないということだ。

人々の具体的な生活に即していうと、生活で使用される個々の品物が互いに連関していて、全体として一個の有機体めいた存在になっているということである。たとえば、ある「階層」の生活者には、それにふさわしい「地域」があり、それに適当な「環境」があるとみなされている。それのみならず、その環境にふさわしい「住宅」、「食事」そして「衣服」がおおよそ定まっており、さらには個々の品物についても、その住宅にふさわしい絨毯や寝具、その食事にふさわしい食卓や調度、その衣服にふさわしい布地やスタイル、というふうに商品群についての安定した「組み合わせ」がある。というより、そういう品物の有機的な結合こそが「文化」というものだと考えられている。

文化の力を再認識せよ

芭蕉に「不易流行」という言葉があるが、不易とは不変のことであり、流行とは可変のことである。ヨーロッパとて流行と無縁でないものの、日本との比較でいえば、不易に重きをおく風習が強い。いささか皮肉なことに、その風潮はユーロなる統一通貨に反発するほどに強いのである。

ファッションとは（ラテン語の）ファクティオつまり「創り出すこと」にほかならない。つまり、ヨーロッパは、変化の造り方においては頑固なまでにおのれの形に固執してきた。つまり、流行の作り方における不易、それがヨーロッパに独得な文化の香りを与えているのではないか。

文化が確立されている共同体には、他国の新奇な商品は入ってきづらい。なぜといって、それら新奇なる異物は共同体の有機的な構成を壊しがちだからである。日本やアメリカに中国商品が流入しやすいというのは、それだけ文化の解体が両国で進んでいるということなのだ。事実、両国の家族や地域社会は自動車とスーパーマーケットで切り刻まれているといっても過言ではない。そのように技術の体系によって席捲された場所には、あたかも部品の取り替えのようにして、中国産の安価で便利な商品がなだれ込んでくるのである。

正確にいうと、日本産の品物と中国産の品物のあいだには、品質でいって、「微差」しか存在していない。質において微差ならば、（価格が安いことに乗じて）量において大差をつけることのできるほうを選ぶのが合理的と思われるかもしれない。実際、現在の日本人は、合理主義とやらにもとづいて、そのような選択をなすための機会を可能なかぎり増やすことをもって「聖域なき構造改革」と称している。

しかし文化とは、技術的に計算して微差にしかみえないところに、意味や価値における大差を見出すことではないのか。たとえば、ワインのヴィンテージの差は、多くの場合、味においても香りにおいても、微差であるにすぎない。そしてその微差を（おのれのおかれた生活環境に応じて）ゆるがせにできない大差と感じて、ヴィンテージにこだわるのが文化なのである。日本人は、この意味で文化的な国民であったはずだ、「繊細の精神」を発達させてきたのが日本の歴史であったはずだ。しかるに、この半世紀間のアメリカナイゼーションの結果として、日本人は、技術的微差を精神的大差とみなす能力を失ってしまったのである。

中国の品物にたいしてセーフガード（短期間の保護関税）をかけるというやり方が長続きするわけがない。経済の安全防衛《セーフガード》は、究極のところ、文化に頼るほかないのだ。安定した生活形態とそれに相応する安定した（商品群の）組み合わせ方、それこそが安価な輸入品の大量流入にたいする最も有効な防波堤となる。また、その構えが、付加価値の高い商品を創造させもする。そうした防波堤を自分たちで突き崩しておいて、中国からの輸入に脅えるのは笑止千万といわざるをえない。

大衆化に歯止めを

人は生活における新たな変化（流行）を望む。しかし、その変化が（個別新商品の取り入れによる）部分的なものではなく、（商品群の全体に及ぶ）総体的なものでなければならないとする

うことになる。と、「生活の現場」近くにいる日本企業のほうが、その変化創造において有利な立場にいるとい

この「防波堤」は国民の「欲望」の在り方にかかわっている。欲望体系の中心に文化の要素がどっしりと座りうるかどうか、それが日本経済の長期展望を決定的に左右する。この点で、ひとまず、絶望を差し向けるしかない、それが日本人の現在における欲望の姿だといえよう。「文化なき文明」を好むという意味での「大衆化」が日本ほど進んでいる国も少ない。その傾向が「改革」によってさらに推進されてもいる。要するに、日本人の（衣食住から余暇活動に至る）欲望は、ひたすらに俗悪化しているのである。俗悪と批評することそれ自体を鼻持ちならないエリーティズムとして忌み嫌うほどに、戦後日本人の欲望は大衆化とそれゆえの俗悪化とをこうむっている。

大衆化のおかげで戦後日本は（半世紀間の）物質的繁栄を享受した。しかし今、同じ大衆化のせいで、中国からの（いわばウルトラ大衆的な）攻勢に抗し切れないでいる。自業自得の結果とはいうものの、我らの子孫のことを思いやれば、そろそろ大衆化に歯止めを利かせるべきではないのか。叶わぬとも、その必要を唱えるものがもう少し増えてもよいのではないか。

㉜反左翼による反米叩きの奇妙さ（2002年3月）

今、日本を除いて世界中が、アメリカの言動に呆れ返っている。つまり、とくに外交面でのアメリカの言動が目立って子供っぽくなっているのである。たとえばブッシュ大統領の「アキシス・オブ・ザ・イヴィル」（悪の枢軸）発言はとても大人の発言とはいえない。イラク、イラン、北朝鮮の3国を「悪の枢軸」と決めつけた上で、攻撃も辞さずとアメリカは構えたのである。イラクと北朝鮮についてはアメリカの断定に同意するものも少なくない。しかし、手続きを重んじるのが大人だという見地に立てば、もっと確かな証拠を収集・公表してから、そうした断定をなすべきである。

イランについては、ヨーロッパへの開放政策を推し進め、アメリカとの交流も再開しようとしている矢先であった。さすがイランのほうも怒り心頭に発した面持で、アメリカが攻撃したら、中東の油田を焼き尽くしてやる、いいかえれば「文明」の根を断ってやる、と抗議している。EU諸国もアメリカの暴言には開いた口が塞がらぬといいつつ、これを機に中東への足場を固めようと躍起のようである。

「反米保守」のレッテル貼り

小泉首相の外交顧問である岡本行夫氏がテレビで次のようにいっていた。「テロルにかんする色々な統計をみて、上から三つの国を機械的に数え上げたのではないか」。私もそう思う。そして、かかる重要な事柄に「機械的」に取り組んでいるアメリカはピュエリリズム（文明の小児病）にかかっているのではないかと強く懸念せざるをえない。ふたたびいうが、この懸念は、アメリカと日本を別として、世界に共有されているのである。

それどころか、日本ではアメリカ批判がタブーとなりつつある。とくに、いわゆる「反左翼」を標榜してきたマスコミ陣営において、アメリカ批判をする（たとえば小生のような）保守派知識人を「反米保守」と指弾する動きが強まっている。その理由は、「傷ついた同盟国には批判を加えるな」というもののようだ。一理ある言い分ではあるが、たかだか一理にすぎない。九理も筋の通る批判にすぐ傷つく国、それがアメリカだというのなら、そんなにも精神的に弱い国を同盟国にしていて大丈夫か、と心配するのが日本人のとるべき態度といわなければならない。

アメリカ批判と一口にいうが、批判にも色々な種類と様々な水準がある。小生がもし首相で、その口からアメリカの軍事に直接に文句をつけるというのなら、それはたしかに、安保条約で世話になってきた日本のとるべき態度とはいえない。しかし一介の知識人がいわば思想のレベルで、アメリカの問題性について執筆したからといって、反米保守を撃てと騒ぎ立てるのは血迷ったとしか思いようがない。それは長きに及んだ反左翼パラノイア（偏執）のなれのはてとよんでよいのではないか。

つまり、反ソ親米を続けているうち、ソ連なきあとでも、親米だけが残ってしまったということである。彼らは、是非もなく、ソ連の後釜を探さなくてはならない。それがテロリスト容疑国ということであって、したがって「悪の枢軸」がみつかってほっとしているのであろう。そしてせっかくの親米の気分に水を差すものは許さない、といったパラノイアックな気持ちにかられているのに違いない。

彼らにそろそろわきまえてもらいたいのは、アメリカはある意味で左翼国家だということである。そうであればこそ、アメリカから人権主義をはじめとする種々の左翼的観念が我が国に半世紀余にわたって吹き込みもしてきたのである。左翼主義を「純粋近代主義」と定義すべきではないのか。つまり、近代主義の観念を（その国の歴史的事情によって制限することなしに）純粋に表現しようとする、それが左翼の特徴だということである。「歴史的なるもの」を破壊して近代主義に突っ走った代表がソ連であり、その不在の上に近代主義の花を開かせようとしたのがアメリカである。ソ連の集団主義に対するにアメリカの個人主義、というふうに両国は対極に位置しているようにみえはした。しかし両方とも、「非歴史的な近代化」の路線を歩んでいたという点では似たもの同士なのである。

近代主義とは何か。それは産業制と民主制を最高の価値とみなすことである。米ソは、産業については市場の競争と官僚の計画というように、また民主については「世論の支配」と「一党の支配」というように、対極にあった。しかし両国とも、産業の産物たる物質的幸福と民主の果実である社会的平等とを、最高の価値と見立てていたのである――一党による社会の独裁や独裁者による一党の支配にしてすらが、いわゆる「民主的集中」の名分の下に行われたのであった――。

要するに、反左翼であるものが親米であるのは、少なくとも思想の流れからいえば、自己矛盾を犯しているということである。同じことだが、保守は思想的には親米ではありえない。なぜといって、「歴史的なるもの」を保守するという保守思想の基本姿勢からして、歴史不在のアメリカに寄り添うわけにはいかないからである。こうした基本的なことも理解せずに、親米か反米かと問うて、反米保守のレッテル貼りをするのはまさしく下賤な振る舞いとしか形容の為様がない。

無批判の追従が「保守」か

そもそも、アメリカは日本の恋人ではないのだから、親米か反米かと目角を立てるのがどうかしている。ヨーロッパ諸国は、「歴史的なるもの」を大事とするという視点から、アメリカにたいして批判的なものが少なくない。とくに批判精神を旨とする知識人にあってそうである。と同時に、とりわけ国際的な政治(とくに軍事)にあっては、それぞれの国益の立場からアメリカとの同盟や協調を大事にしている。日本もなぜヨーロッパと類似の態度をアメリカにたいしてとれないのであろうか。小生が今直面している事例でいうと、「9・11テロルを巻き起こした原因のいくつかはアメリカにあり」といっただけで、反米保守のレッテルを貼られて面倒な目に遭っているのである。

面倒なことに慣れている小生ではあるが、保守の何たるかを見定めようとせずに、また左翼の本質をみつめようともせずに、反左翼陣営から反米保守よばわりされるのは情け無いかぎりである。しかも小生の場合、「危機においては友と敵とを峻別せざるをえない」（カール・シュミット）という視点から、友たるアメリカに軍事的に断固たる協力をなすべし、と主張していたのである。

ただし小生は、自分の友（アメリカ）が何者であるかを認識すべしともいった。さらには、自分の敵（タリバン）が自分の友の作り出したものかもしれないことに思いを致せといった。それがけしからんというのなら、あとはアメリカのやることに無批判に追従していくほかない。それが反左翼であり保守であるというのは、小生にいわせれば、お笑い草である。

アメリカに追従した結果、ついに経済までもが大挫折の憂き目に陥っている。それが日本の現状である。この状況をもたらした元凶は何か、議論すべきはそれである。アメリカが好きか嫌いかなどということはどうでもよいことだ。少なくとも、アメリカとの外交の最前線にいるというのでないのなら、アメリカが何者であるかについて心おきなく自分の考えを表明すべきではないのか。そうするのが一身および一国の「独立」をめざすものの義務ではないのか。

㉝ムネオとともに沈没するニッポン

（2002年4月）

「ムネオ」騒ぎで、自民党への支持率が（民主党のそれと同程度にまで）急落している。ということは、次の総選挙において政権交代が生じるかもしれないということである。経済の出口なしの混迷に加えて政治も混乱のきわみとなれば、「聖域なき」構造改革はまさしく、日本人にとっての聖域である「日本」そのものを破壊せんばかりの域に達したとみなければならない。「自民党をつぶすのも厭わない」という小泉首相の御託宣は、図らずも、鈴木宗男氏によって実現される傾きになったわけだ。真剣に論議さるべきは、こうした日本の目前に迫りつつある危機の深まりについてであって、「どぶ川に落ちた」（野中広務氏の表現）ムネオをさらに鞭打つことではないであろう。

と承知しつつも、ムネオ問題はそれとして正しく把握し正しく対処しておかなければならない。つまりその問題をお茶の間の談義や週刊誌の醜聞に任せておくわけにはいかないのである。最初に確認しておかなければならないのは、鈴木氏を救済するのは政治的にも道徳的にも不可能であろうということである。なぜといって、いくら政治に不道徳がつきものであり、法網をくぐるのがどれほど政治の習わしであるといっても、鈴木氏の「やり方」は乱雑かつ露骨の度が過ぎているからである。ここで言及してみたいのは、「問題」の背景や底流を明るみに出すことについてである。

北方領土とODA

第一に、鈴木氏がとりついたのが北方領土とODA（政府開発援助）であることに留意しなければならない。つまり、日本の国民とその政府が長いあいだ曖昧かつ杜撰に放ったらかしてきた事柄に鈴木氏は手を差し込んだのだ。その意味で氏のポリティッシャン（政治屋）としての臭覚はなかなかのものといってよい。逆にいうと、本当に問われているのは、北方領土とODAについて日本国家が姿勢を正す必要ということなのである。

そもそも、鈴木氏の差配した税金のつかい道は、国会の予算審議や会計検査院の審査を通過しているはずではないか。ということは、鈴木氏の振る舞いは日本国家によっておおよそ了承されてきたということ、またそれを了承するほどに日本国家が北方領土とODA資金をルースに扱ってきたということ、さらにそういう事情を反映するものとして鈴木氏の行動があったということである。

北方領土についていうと、（歯舞、色丹の）二島の返還を優先させ、（国後、択捉の）二島にかんしては協議を続行する、という案は、森内閣の時代にいわれたことである。その線を鈴木氏も踏襲せんとしていた。それどころか、ロシアがその返還に同意するはずがない、北方領土の返還そのものを諦める、というのが日本国家の本心だったのではないか。その証拠に、ゴルバチョフ氏が訪日した際、「領土にこだわるのはもう古い、北方の四島は日露の共同管理にまかせればよい」という意見が公然と吐かれていた。そういう状況が長く続けば、北方四島にかんする領土意識が薄れ、それに乗じるようにして鈴木氏のように個人プレーで北方四島に接するものが現れてきて、むしろ当然といわなければならない。

ODAについては、その現地での用いられ方についてまで日本国家の手が届いていないことはとうに知られていた。また、アフリカ諸国のように、政府機構すらが確立されていないところでは、ODAをめぐる現地プロジェクトの設計を完成させることそれ自体がままならぬ。それは、外務官僚によるお役所仕事で進捗するような生易しい仕事ではない。だから、そこにも鈴木氏のように行動力や政治力のある人物が活躍できる、また活躍せざるをえない領域が広がっているとみなければならない。

ODA資金を、質量の両面で、今後いかなる方向に持っていくべきなのか、国会でも世論でも何一つまともな議論は行われていない。そうならば鈴木氏に自由裁量の余地が、いいかえれば乱暴狼藉が生まれようというものである。そしてその活動実績が鈴木氏の地位向上にあずかって力ある、ということになったのである。それが嫌だというのなら、ODA資金の国家管理をもっと厳密にするほかない。さらには、その管理を十全になせるように、外務省の役人を鍛えなければならない。そのことを放置して鈴木バッシングに明け暮れるのは政治の本道ではない。

（鈴木氏の秘書である）ムルアカ氏のパスポート問題などはまったくの些事にすぎない。安定した統治機構を持ちえないでいるコンゴのような国が世界にいくつもあること、それゆえ公文書の発行においてすら正規の手続きを踏むのが難しいことなどを理解できていない、それが日本の政界でありマスコミ界である。それをアビューズ（悪用）した鈴木氏を咎めるのは結構であるが、それ以上に必要なのは、世界の秩序にかんする正確な認識なのである。

マスクラシーの嵐

むろん、鈴木氏の外務省にたいする恫喝が政治の邪道であることは声を大にして指摘しておかなければならない。私は知っている。とくにこの数年間、役人が一部の政治家の恫喝に脅え切っていたことを。つまり、「政策を官庁から議会に取り戻す」というのが政治改革の一つの狙いであったのだが、それは結局のところ官庁への恫喝政治を強めたのであった。そのことが明らかになると、「政府官僚は毅然として政治家の横暴に立ち向かえ」とマスコミ世論はいう。毅然とすべきなのはマスコミ世論のほうである。政治に「闇の世界」がかかわっていること、そしてそうした世界の存在を示唆することが「恫喝」にとって欠かせぬ要素であることを国民はしっかりと知っておかなければならない。

相も変わらず偽善的な物言いが「政治改革」を覆っているのだ。とくに「地元に予算をつける」政治家を指弾するというのは偽善の最たるものである。地元よりも国家全体の利益を重んじる、という政治の正道はとうの昔に踏み外されている。しかもそれを踏み外したのは、政治家というよりも、選挙民のほうである。そのことを問わずして政治家のいわゆる利益誘導を批判するのはきれい事にすぎない。さらに、物事を裏面からみれば、地元の利益をすら的確に実現できないような政治家が国家全体の利益に取り組めるのか、という厄介な問題が存在している。鈴木氏はそうした問題の複雑さを明るみに出すべく登場した、と解釈することもできるのである。

いずれにせよ、今吹き荒れているのは、またしても、マスクラシー（大衆政治）の嵐である。マスつまり大衆とは、ヤスパースに従えば、（権力に悪罵を投げつけるのを旨とする）「反逆の言葉」と（その悪罵を正義にみせかける）「偽装の言葉」を吐きちらかす人々のことである。マスクラシーにおけるポピュラリズム（人気主義）が、より厳密にいうと悪評主義が只でさえ低きにある我が国の政治を叩きつぶしている。そのことの恐るべき帰結を少しも洞察せずに、ムネオを大衆リンチの祭壇に登らせている。鈴木氏がその生け贄にまことにふさわしいことは認めなければならないが、それにしても、この期に及んでこの騒ぎというのだから、救済できないのはこの国自身であるというべきであろう。

㉞有事のなかの国家意識

（2002年5月）

有事立法を自衛隊法の改正という形で推し進めようとの動きが高まっている。いうまでもなく、その切っ掛けは、北朝鮮の工作船（もしくは麻薬の密売船）が日本の近海に頻繁に出没するというところにある。また、中国と台湾の関係は依然として軍事的緊張を帯びており、その余波が我が国に及ばぬともかぎらない、ということへの配慮もある。さらには、東アジアの軍事にはかならずアメリカ軍が関与するのであり、したがって日米安保の「ガイドライン」に縛られる日本としては、有事立法を整えて、アメリカ軍への後方支援に備えなければならないという事情もある。つまり、我が国をめぐる国際情勢への対症療法としては、この有事立法の動きに反対する理由はどこにもありはしない。野中広務氏のように、訪中の折に、「国家の安全に拙速に取り組むのはいかがなものか」などと発言するのは、言語道断の振る舞いといわなければならない。

私権への制限

どだい、国家の有事にあって、たとえば民間住宅の接収というようなやり方で「私権」を制限するのは、世界の常識である。世界に右倣えする必要はないものの、どう考えても、国家が危殆に瀕すれば国民の私権も危機に見舞われるのであってみれば、有事において公権にもとづいて私権を縮小させるのは理に叶っている。もっといえば、私権の拡大を野放しにしてきた戦後日本の憲法体制を急いで改変しなければならないのである。「官を排して民に就け」と叫ぶ構造改革が完全に方向喪失の状態に陥ったのも、私権のさらなる増大に血道を挙げたことの当然の帰結といわなければならない。

「私」という言葉の語源は「収穫物（禾）を一人占めするために肘を張って（ム）他人を押しのけること」を意味する。そして「公」の語源は「肘を張るような意識を切り開く（八）こと」をさす。現憲法の最大の欠点は、私心の短縮としての公心の伸長ということの根拠を指し示していないところにあるのである。たしかに個人の自由は「公共の福祉」によって制限されると憲法に記されてはいる。しかし公共の福祉の基準の中心に、歴史的存在たる国家（国民とその家制としての政府）の安全と持続という規範があるということが明記されていないのだ。それもそのはず、この憲法は日本の歴史に構造改革を加えようというアメリカの目論見に発するものなのである。

日本国憲法は、欽定でないのはむろんのこととして、民定でもない。それは米定の憲法にほかならない。それゆえ、この憲法に非常事態条項がないのは、日本国家の危機に際してはアメリカ軍が出動する、と想定されていたからだとしかいいようがない。筋論からいえば、憲法に「憲法の機能停止を宣言しなければならない事態」としての非常事態条項を盛り込み、しかるのち有事立法を制定するのが望ましい。

国防に参加する義務

だが憲法改正がそう簡単に実現されるわけもない。何といっても、国軍を持てないような異常な憲法体制を半世紀にわたって続けていて、いささかの痛痒《つうよう》も感じない、それが戦後日本人の少なくとも平均的な心理になりおおせている。私権への制限もありうべし、という有事の精神が日本人にあって育っていないについては、「国防に参加する義務」すらがなおざりにされてきたという戦後の経緯がある。国防義務が国民に共有されているなら、その義務の達成のためにみずからの私権を（何ほどか）放棄する必要もまたただちに承認されるに違いない。有事立法について国民的な議論が必要なのは確かであるが、それは有事立法の是非についてなんかではない。「有事」についての思考停止を半世紀にわたって続けてきたという事実、それこそが論議されて然るべき当のものなのだ。

有事に際してアメリカ軍と協力することの必要は論を俟たない。しかし同時に確認されなければならないことがある。それは、アメリカ軍と「いかに」協力すべきかと構えるとき、日本の国家としての自立が必須だということである。自国の安全を守るのはまずもって自国である。この常識がわきまえられているなら、国民は、みずからの意欲と能力をもって、国際的な政治・軍事情勢を判断し、それに対応しなければならない。そのこととのつながりで、自国の安全保障に関心を払うものは、他国の安全保障についても無関心でおれない、という真実が浮かび上がる。

私のいいたいのは、具体例を挙げれば、いわゆる「パレスチナ問題」について何一つ見解を発表できないような政府・与党に有事立法を立案・判定する資格などはないのではないか、ということである。今、イスラエルとパレスチナのあいだの戦闘は苛烈の度を極限にまで高めている。それを対岸の火事とみることしかできないような国家は、結局のところ、自国の火事についても半端な観察と対処しか加えられない。私の問いたいのは、「テロル根絶」というようなきれい事だけでは、この新世紀の国際情勢に対応し切れないであろうということである。

パレスチナの地に生じているのは疑いもなくテロル「合戦」である。テロル根絶というのは、まさか、イスラエルとパレスチナの両方を根絶するということではあるまい。どちらにどの程度に加担するか、あるいは両者のあいだにいかに割って入るか、それは高度の政治的力量を要する仕事であり、テロル根絶をしかいえぬような子供っぽい頭脳の持ち主が引き受けられるところではない。それと本質的に同様のことが南北朝鮮のあいだで、あるいは中台のあいだで、発生するかもしれない。そういう事態に備えてのものでなければ、有事立法などに大して意味がこもりそうにもない。

国家意識の覚醒

国際情勢のことは国際法廷と国際連合にまかせよう、というのは有事に構える精神が皆無であることの現れにすぎない。そもそも国際法は完備されていないばかりか、完備されてはならぬものである。なぜといって、国際法を誰が判定するのか、どこが運営するのか、と考えると、それが完備されるということは特定の超大国による世界支配が成功するということとほぼ同義だとわかるからである。

国連が国際法の判定・施行の主体だといってみても始まらない。国連は各国の代表者たちが集まる場所である。その場を誰が差配するのかと考えると、やはり、特定超大国による国連支配という構図がみえてくるのである。

有事立法を制定するのに並行して推し進められなければならないのは、いささか泥縄に属するとはいえ、有事についての国民精神の涵養である。具体的には、国家意識を覚醒させるための深く広い議論が、憲法のことを中心として、展開されなければならない。それなしに自衛隊法の部分的改正をやってみたとて、現下の構造改革とやらがすでにそうなっているように、国家をいっそうの混乱のなかに引きずり込むだけのことに終わることになるのではないか。そして最悪なのは、アメリカ軍の要求に応えるための有事立法、という方向である。そういうふうに国家防衛についてまで周囲の状況に受け身で適応するというやり方は、晩かれ早かれ、国家にとって命取りとなる。国家存続のための立法が国家消滅の切っ掛けとなるというのは笑えぬ冗談である。

㉟日本は未だ国家に非ず
――瀋陽事件の根本原因
（2002年6月）

有事立法の議論は、有事なるものの本質が国家の「非常事態」を意味するということ、そして非常事態にあっては憲法の（全面的もしくは部分的な）停止が要請されることが広く理解されないかぎり、しょせん状況適応の泥縄を編んで御仕舞いとなる。戦後日本は、こうしたものとしての有事には宗主国（ともいうべき）アメリカが当たる、と半ば無意識のうちに想定してきた。だから、半世紀余にわたって有事立法が一片も制定されないという醜態を演じてきもしたのである。

だが、主として「日米ガイドライン」とのかかわりで、つまりアメリカの国際的な軍事行動に日本がいかに有効に協力するかという論拠に立って、有事立法に少しずつでも着手しなければならなくなっている。そう思われる矢先に、中国・瀋陽の日本総領事館で、日本国家の危機管理にかんして不測の事態が、というより予想されていた事態にうまく対応しえないという失態が、発生してしまった。そのことをめぐって、ほんの数日間とはいえ、世論が大いに盛り上がったのではあるが、しかしまたしても隔靴掻痒の論議しか行われていない。

中国の「法治」の未熟

第一に、日本総領事館に（あきらかに難民として）駆け込んだきた5人の北朝鮮人を捕まえるべく、中国の武装警官がその（不可侵であるはずの）日本公館に侵入したのはいかなる理由にもとづくと解されるべきか。日本の世論は、とくに与党の方面にあって、それをウィーン条約違反の不法行為として、激しく咎めている。それはそれでよいのであるが、私の問いたいのは、なぜそうした不法行為を中国がわが犯すに至ったのかということについてである。いいかえれば、そこに日本にたいする中国の侮蔑の態度をみて怒ってみせるだけでよいのか、ということにほかならない。

私の理解は、あの広い中国の地方都市では、つまり首都北京ならざる北辺の町となると、ウィーン条約のことなどは現場の警官の念頭になかったのではないか、ということである。ましてや今の中国は警察国家である。警察（および軍隊）そのものが法律となっているといって過言ではない。要するに、中国における「法治」の未熟ということに注目しなければ、今回の事変を的確にとらえることができないということである。

「外国公館に逃げ込む北朝鮮人を逮捕せよ、そうしなければ、自国（中国）人のことも含めて、難民の増大に中国は悩まされることになる」との指令・判断が警察に下されていたに違いなく、その政治的な方針にもとづいて警察が行動してみたら、ウィーン条約違反の外国公館侵入となっただけのことと推察される。私の指摘したいのは、要するに、現代中国人における法律的な無教養という一点を看過すべきではないということである。――このことは我が国の対中経済交流についてもいえるのであって、法律的に無教養な状態のなかでは経済の取引契約が円滑に進むわけがないとわきまえておかなければならない――。

中国がわが今度の公館侵入について一言の謝罪もなさないことに、ましてや「副領事の許可を得た」という虚言を弄することに、対日侮蔑をみるべきであろうか。表面上はまさしくそのようにみえるが、それも、根本的には、中国におけるルール（法律と道徳）意識の不足の現れととらえておくべきであろう。もっと正確にいうと、ルールがなければ（国際関係をはじめとして）人間の社会関係が順調に進まないのであろうと理解してはいるのだが、実際には、そのルールにかんする意識と行動がまだ自分らの社会において未熟なので、ルール侵犯の責を相手方に帰そうと居直るのである。対日侮蔑について怒る前に、それが中国の国状なのだとみきわめておかなければならない。

国家像欠落が外交に露出

第二に、公館侵入事件がほかならぬ「日本」の総領事館で起こったことをどう解すべきか。世論では「難民受け入れに日本が消極的だ」ということが批判的な文脈で取り沙汰されている。そうした日本政府の基本姿勢が、瀋陽総領事館をして、武装中国警官への弱腰さらには迎合に傾けさせたというのである。そういう解釈の背後にはいうまでもなくヒューマニズムの大義もしくは偽善がある。困っている外国人に援助の手を差し延べる、それがグローバリズムの時代の道徳だというわけである。

こうした論調は、わかりやすい例でいうと、外国人排斥を唱えたルペン氏がフランス大統領選の第二候補となる、ということにみられるような世界の実状をみすえていない。とくに日本の場合、北朝鮮のことのみならず、やがて大崩壊へと至りかねない中国の巨大人口が難民候補として待ち構えている。東南アジアについてとて同様のことがいえる。難民受け入れに難色を示すのは、一般的にいえば、日本の正当なナショナリズムだといわなければならない。

日本の在外公館が当該の外国に弱腰・迎合の態度を示すのは、日本がネーション・ステート（国家）としての姿を明確にするのに失敗しているからではないのか。在外公館は国際社交のためのパーティ会場ではない。そうした国際的なお付き合いも必要ではあろうが、それ以上に、自国の国益を主張し守護するための出先機関、それが在外公館だと認識しておかなければならないのだ。そうであればこそ、在外公館の治外法権は固守されなければならないのである。

そのことについて曖昧であった瀋陽の日本人外交官を批判するのはまったくたやすい。しかしそういう外交官が生まれてしまったのは日本の国状の反映だとみなければなるまい。まともな国軍をすら半世紀余に及んで持とうとせず、その揚げ句に「国家にこだわるのはもう古い」などという世論が罷り通っている我が国である。そんな国からは、在外公館の治外法権をみずから捨てて恥としない外交官が出てきても、驚くには当たらない。

ペルー大使公邸事件のときにも明らかになったことだが、戦後、日本の在外公館にあって「武官」の制度がなくなった。つまり、軍人や諜報員が在外公館に送り込まれていないということである。たとえば在日アメリカ大使館の場合、200人ばかりの館員のうちの約半数がＣＩＡとかかわっているのではないかといわれている。それが在外公館の正しい在り方だとそろそろ確認すべきではないのか。

「武官」としての立場をはっきりと自覚している外交官ならば、駐在国の武装警官が自分たちの公館に立ち入ることにたいして、敏速果敢に反発するに決まっている。ついでにいえば、武官ならば緊急事に備えて武装の構えをとりもするであろう。他方、ヒューマニズムの偽善外交にはこうした構えが完全に欠如しているのである。今回の事件で振り返るべき最も重要な点は、治外法権とて、それを守り抜くには国防の意識が不可欠だということであろう。

「聖域なき構造改革」という空語は流通しつづけている。しかし日本を国家として確立するための構造改革は不問に付されたままである。瀋陽の事件で中国がわの非礼や横暴を批判するのはもちろん大事なことではある。しかしそれにもまして大事なのは、そうした外国のルール違反を防止したりそれに反撃したりするには、我が国は国家としてまだ弱体だと知ることである。

㊱ワールド・カップにみる文明の小児病化

（2002年7月）

今、WCの真っ最中で、日本チームが日露対決に勝った勢いで決勝リーグに歩を進めるものと期待されている。WCとは、いうまでもなく便所のことではなく、ワールド・カップつまりサッカーの世界選手権大会のことをさす。我が国においてのみならず、ほとんど全世界がこの大会の成り行きに眼を凝らし、そして血をたぎらせているわけだ。このような大がかりなスポーツの祭典は、大昔から、戦争の代理行為だといわれている。イスラエルとパレスチナのあいだに、インドとパキスタンのあいだに、あるいは（スリランカの）シンハリ族とタミール族のあいだにといったふうに、世界の各所で戦争の火種が燃え盛る気配ではある。しかしそうした世界大戦争の可能性をスポーツの勝敗予想へと転化もしくは昇華させてくれるというのなら、WCの意義が、とくにそれがサッカー後発国・日本で（韓国との共催という形をとって）行われることの意義はまことに大きい。

少々面白いことに、サッカーの語源はアソシエーション（連合）である。つまり仲良くボールを蹴り合いましょう、ということなのだが、それが戦争（もしくはナショナリズムの争闘）の代理行為となるというのだから、時代の転変にはまことに眼を見張らせるものがある。またもう一つ思い起こされることがある。それは、サッカーが下層の社会階級のスポーツだったということである。そんなことは、サッカーに必要な道具はボール一個だけ、ということをみればすぐ見当がつく。そのことともかかわって、サッカーに宛てがわれる規則や儀式は、数あるスポーツのなかで最も単純な部類に属するということになっている。いや、その単純なルールやマナーすらがしばしば侵犯される。そうであればこそ、その蹴球の行為は格闘技の一種と称されもするのである。そういうある意味では野卑な来歴のスポーツの祭典に各国家の首脳たちが列席したり喝采したりしているのだから、たしかに、デモクラシー（民衆の支配）は絶頂にのぼりつめつつあるといわなければならない。

金銀赤の髪色

だが、デモス（民衆）はつねにナショナリスティックであるとはかぎらない。WCにあって、国家チーム間の争闘が演じられるということのみに注目すれば、なるほど、それは戦争の代理行為とみえはする。しかし、ナショナリズム（国民主義）の争闘であるというのなら、各国のチームが何らか目立った形でナショナル・カラーを帯びているはずだ。もしくはあえて帯びようと努めるはずである。しかし、ヨーロッパの多くのチームは、アメリカのような移民国家からやってきたのではないにもかかわらず、何年か前にやっと国籍を取得したと思われる有色人種を中心にして構成されている。要するにナショナリズムが「国名」の一点に絞り込まれている（つまり形骸化されている）模様なのである。

チームの人種的構成のことばかりではない。日本の選手が、ほとんどすべて、染髪していたことに典型的にみられたように、ナショナル・カラーを打ち消す振る舞いがわざわざ選びとられるという傾向もある。日本の選手が金髪や銀髪や赤髪で現れるのは、選手たち自身の言い分によれば、「目立つ」ためだという。しかし一口に目立つといっても、その目立ち具合が真か偽か、善か悪か、美か醜かといった違いがあるはずである。日本選手たちが偽悪醜を選びとるほどに露悪的であるとは考えられない。また彼らのうちにアフロヘアーに髪を加工したものは一人もいないので、金銀赤の髪色に真善美が宿ると無自覚のうちに思い込まれている、それが日本選手団の身体感覚だということなのであろう。黒髪よりも金銀赤髪がよいとみなすのは、はっきりいわせてもらうが、白色人種への、とりわけゲルマン系のそれへの、劣等意識と無関係ではない。そのことがしっかりと自覚されていないだけにかえって、日本チームは、今の日本人の総体を反映して、欧米社会への癒し難い劣等意識をその染髪によって目立つ形で表現しているといえよう。

加えて、古来から、おのれの身体に過剰な加工をほどこすのは、たとえば売春婦のような特殊な職種のものに多いという事実がある。職種に貴賤なし、という平等主義の言辞にいくら頼ってみても、世界からそうした貴賤意識が消え去るわけもない。極言となるのを恐れずにいうと、日本チームはある種の卑しい雰囲気をそのチーム挙げての染髪によって世界中にばらまいたのであった。そのこと自体よりも、そのことについて言及されることが我が国の世論にあってあまりにも少ないという現実のなかに、戦後日本の民主主義がアリスト（貴族）のものではなくカキスト

（賤族）のものだということがよく映し出されている。

「場違いの振る舞い」

実体なきナショナリズム、いいかえれば（国名といったような）形式だけのナショナリズムは、純粋種の争闘を招き寄せる。なぜといって、相手のナショナリズムにたいして、具体的には了解すべきものも反発すべきものも感じないままに、ただ、相手を敵と認定することに終始するのがその争闘の特徴だからである。いわゆるフーリガンの暴力がＷＣに伴いがちであるのは――下層の社会階級における不平不満のエネルギーということもあるではあろうが――それがほぼ純粋のナショナリズムの争闘場であることに起因しているに違いない。

話がここまでくると、スポーツの語源がディス・ポルトであること、つまり「場違いの振る舞い」を意味することに注意を喚起せざるをえない。それゆえ、たとえばメーク・スポーツ・オブという熟語は「馬鹿にする」ということを意味するのである。とりわけ馬鹿気ているのは――ヨハン・ホイジンガという文化論者が「あそび」について述べたように――精神のピュエリリズム（小児病）と化したスポーツの祭典である。ホイジンガによれば、一つに「厳格なルールを持たない」こと、二つに「聖なる次元（神仏の想念）へ奉献するという態度から離れる」こと、それが「あそびの小児病化」にほかならない。

商業や政治と密着して大規模な見世物と化すスポーツの大会、それが「あそびの小児病化」の見本である。そういう文化の病理は、古代ローマの闘技場のことを持ち出すまでもなく、マス・

ソサイアティつまり大衆社会につきものの現象である。しかし、これまでは、それを病理と診断する（知識人という名の）医者がいた。その医者たちが、たとえば、イレブンのうちのテンが髪の毛を金銀赤に染めているというような現象を、社会病理の目立った徴候と指摘したのであった。そういう医者がいなくなったばかりか、精神をまで当座の流行に合わせて染め上げた贋医者たちが、新聞・テレビ・雑誌に、さらには議会・学校・講演会に、おびただしく溢れ出ている。それが（日本とアメリカを先頭として）大衆に占領された世界の実相となっている。

各国家に特有の歴史的常識をわきまえているものは（大衆ならざる）庶民である。庶民は、スポーツ大会で自国の選手が活躍することに素朴に拍手を送りはする。しかしその試合が「あそびの小児病化」にのめり込んでいることにたいしては、自分らの子孫が大衆に堕ちていくのを懸念して、一言なかりせばと思うのである。

㊲企業会計の不正はアメリカ流の必然（2002年8月）

制度それ自体について善し悪しを論じることには、一般に、誤りがつきものである。なぜといって制度が実際にもたらす効果は、その制度の「運用」の如何に大いに依存するからである。たとえば結婚の制度にかんして、恋愛がいいか見合いがいいか、などと論じるのは愚の骨頂である。恋愛にせよ見合いにせよ、それを実行する男女の人格およびそれにもとづく振る舞いがどうであるかによって、その結末は悲劇とも喜劇ともなるのである。

アメリカ流儀の妥当性

もちろん、原理原則からみて採用してはいけない制度というものがある。たとえば社会主義の経済制度がそれであって、私有財産の否定や計画経済の肯定などは、まず理論的にいって、碌な結果をもたらさないと予測できる。しかし理論的にはうなずきうるいくつかの制度の選択肢のなかで、どれがより効率的かといった話になると、制度にたいする運用の問題を、それゆえ運用にたずさわるものたちがいかなる価値や規範を、いかなる習俗や習慣を、そしていかなる権威や権力を有しているかを、見定めるほかないのである。

　だから、たとえば企業のガヴァナンス（統治）について、「アメリカの制度を学べ」などと宣うのは軽薄にすぎると私は主張してきた。この場合、話の焦点は「株主の利益」が企業統治における唯一の基準たるべきだというアメリカ流儀の妥当性が問われなければならない。アメリカのいわゆる株式資本主義は、少なくとも建前の上で、株主の利益に最大限に奉じることをしないような経営者は放逐されて然るべきと構えている。

　そしてそういう制度を我が国の企業も採用することによって、企業金融をいわゆる間接型から直接型へと移行させよ、そうすれば株主利益を最大化すべく企業活力も増大するであろう、と論じられてきた。しかも、あろうことか、アメリカ的な企業統治法がグローバル・スタンダード（世界標準）になるべきだとすら喧伝されてきたのだ。

　ところが、半年前のエンロンの倒産に始まり、今回、ワールドコムなどの巨大企業において企業会計報告の不正が発覚したという事実に至り、アメリカにおける企業ガヴァナンスの在り方そのものを根本から疑わなければならなくなっている。

　アメリカ流儀を礼讃してきたエコノミスト連が、これらの不祥事を前にして、例によって知らぬ顔の半兵衛を決め込んでいることについてはここでは追及しない。しかし、会計報告の不正は悪いことです、といったような子供じみた言説しか吐けないのなら、そもそも、経済学の存在理由がなくなろうというものである。

物作りを軽視した結果

日本人にあってもそうだがアメリカ人にあっても、昔はまともな人間が多かった。つまり、1930年のアメリカには「マネージェリアル・リヴォルーション」(経営者革命)という立派な理論があって、それによれば、あらゆる組織の権力はその組織をマネージ(経営)するものたちの手によって握られる、とみなされる。この理論が、何らの論証も実証もないままに、投げ捨てられた。そして株式資本主義論が世界を覆うことになってしまったのである。

組織とは何か。それは、その構成員が何ほどか長期にわたってその集団に存続し、それゆえその集団における役割の体系も何とか固定される、ということを意味する。そして最も重大なのは、組織にあっては、その構成員のほうが(非構成員よりも)当該の組織についてより豊富な情報力を持つ、という一事である。そうならば、構成員たちを統御するものとしての経営者に権力が発生して当然である。そうなることをさして経営者革命とよぶのが、かつては、常識の一つであった。

企業の統治原則は株価を最大にするところにあるのか、それとも経営者の利益をも斟酌せねばならないのか。このあたりの議論を一切省いたままで、株価を最大にするよう努めるのが経営者の務めだ、とされはじめたのはなぜか。理由は簡単で、アメリカの企業が組織であることを止めはじめたからである。つまり、企業の内部にあっては、リストラの名において企業構成員の滞在期間が著しく短縮された、少なくともそうなる可能性が大きいという認識が高まった。また企業の外部においては、企業のテークオーヴァ（乗っ取り）が流行し、そのために経営者の当該企業への滞在期間も短縮されざるをえないという認識が広まった。

論じるべきは、どうしてかかる認識が強まったかということである。私の答えは、簡単にいえば、次のようなものだ。一つに、アメリカ企業は「物作り」を軽視しはじめ、それゆえ二つに、将来への設備投資のことへの関心も（ＩＴ投資によってリストラを促進するということを除けば）薄らぎ、そのせいで三つに、現在の企業収益が株価のみによって左右されることになり、その結果として四つに、経営者の本来の任務であるはずの「将来収益の増進のために努力する」という仕事が放棄され出した。

現在収益の維持拡大、それが株価を最大化するゆえんであるとなれば、おのずと、現在の企業会計報告を明るいものにする、つまり虚偽報告をなす、という方向に拍車がかからざるをえない。したがって、ワールドコムその他のアメリカ株式市場を沈没へと引きずり込んだ一大不祥事は、アメリカ流の企業統治法の必然の結果といわなければならないのだ。その統治法は、経営者（設備資本の運用者）をして資本家（金融資本の所有者）の走狗たらしめた。いや、単なる走狗ではなく、株価の増大なり株式の売却なりの過程で、巨額のボーナスを受け取るのであるから、経営者は資本主義経済を蝕む獅子身中の虫になったということである。

基盤を失った金融

株価は、「物作り」が健在であるなら、そして物作りのためには長期プロジェクトが不可欠であるという常識が踏まえられているなら、主としてその企業の長期収益見込みによって決定される。逆にいうなら、株価が株主や経営者の短期的視野によってのみ動かされるということは、ファイナンス（金融）の肥大化によってインダストリー（産業）が追い払われているということである。そして国内において産業の基盤を失った金融は、その活動の場を国外に求めざるをえない。怪しげな格付け会社をも利用してでも、他国の株価を下落させ、そうすることによって安価に外国産業を乗っ取ろうとする。

しかしアメリカ金融資本のそうした策動が明らかになれば、外国の（たとえば日本の）産業も空洞化に向かう。そのことを恐れるべきまさにそのときに、我が国のエコノミストはアメリカ流の統治法に追随せよ、と叫びつづけたのである。自分がアメリカの走狗であることを彼らは自覚していない。アメリカに留学したり、そこで修士号や博士号を頂戴しているうち、無自覚のうちにアメリカ流儀を信奉するようになったのであろう。これはエコノミストにかぎらない。戦後日本人は、一般国民のみならず指導層までもが（小泉首相の自己告白をかりれば）「根っからの親米派」になってしまっている。これこそが最大の不祥事にほかならない。

㊳アメリカにおける「経営者の死」(2002年9月)

お盆の直前に中曽根康弘元首相が動いた。つまり、元総理を何人か集めて、アメリカの対イラク軍事行動が現実になったとき、日本はいかに対応すべきかを談じたというのである。その中味は一向に明らかにされていないが、ともかく、日本がおのれのイニシアティヴでアメリカへの対応策について語っただけでも大きなニュースである。さなくば、「ブッシュ大統領の御気持ちはよくわかります」という小泉首相の対米迎合路線をひた走って、あとはアメリカの言うがまま、それが日本の外交ということになるところであった。

ヨーロッパ諸国にあっては、アメリカと固いアングロサクソン同盟を結んでいたはずのイギリスのブレア首相までもが、アメリカのイラク攻撃にたいして軽挙妄動を諫める発言をしはじめた。ドイツの首相選挙に至っては、アメリカにたいしどの程度において批判的であるか、それが最大の争点になっているという有り様である。我が国だけが、あたかもアメリカの51番目の州ででもあるかのように、対米追随をたくましくしてきた。その醜い姿に一刷毛《ひとはけ》のお白粉を塗っただけでも、中曽根氏が今回やったことは意義あることとみなさなければなるまい。

米国景気と軍需景気

実はアメリカにあってすら、我が国のマスメディア（およびそこに群がる凡百の知識人）とは異なって、ブッシュ戦略にたいする批判が少しずつ勢いを増している。たとえば、ＮＨＫの衛星放送でＣＮＮのニュース番組を観ていたら、そこで意見を聴取されたテレビ局の代表４名のうちの３名が、今冬に見込まれているバグダッド攻撃をアメリカ国民にたいする説明不足と批判していた。しかもブッシュ支持を表明したのはサンディエゴの黒人ジャーナリストであった。サンディエゴが軍港であることや、黒人青年の失業率が増大していることなどを考えに入れると、その黒人ジャーナリストのブッシュ支持も割引かねばなるまい。要するに、アメリカ人たちの本音においては、ブッシュ大統領への疑惑が小さくないということだ。

そうであればこそ、アメリカには珍しい左翼人士のノーム・チョムスキーが書いた『９・11』という書物が半年余にわたってベストセラーになっている。その書の骨子は「アメリカこそがテロ国家である」というものである。そんな本が、あの（少なくとも戦時にあっては）画一主義を旨とするアメリカで売れているところに、アメリカ人の自己不安が小さくないことが示されている。

このように世界はいっせいにアメリカの対イラク侵攻の足を引っ張ろうとしている。それにもかかわらずバグダッド攻撃が不動の軍事戦術であるかのように思われているのはなぜか。それは、アメリカにおける経済景気の悪化と深く関係している。つまり、軍需景気を煽る以外には立ち直りようのない重い症状がアメリカ経済を襲っている。また、アメリカ経済が軍事熱に乗じて立ち直れば、世界経済も、少なくとも一時的には、活況を呈するであろう。それを期待する向きが各国に少なからずいる。それゆえ世界の対米批判も及び腰にならざるをえないのである。

「親米」に自足できない

そこで思い起こされるのはマルクス経済学のことである。マルクスがいったのは、人々が貨幣フェティシズにとらわれるなら、いいかえれば貨幣を「物神」のように崇めはじめるとすれば、その世の政治も文化も経済によって左右されるようになるということだ。そしてヒルファーディングが指摘したのは、市場経済（とくに金融市場のそれ）は、競争における優勝劣敗の淘汰を通じて、独占金融資本を誕生させるということであった。さらにレーニンが強調したのは、独占金融資本はその国の政府を動かし、その至り着くところとして、帝国主義戦争を引き起こすということにほかならなかった。

この「帝国主義という資本主義の歴史的段階」にかんするあまりにも単純な物語をアメリカは踏襲しようとしている。マルクス「主義」にもとづく社会主義の諸国家は崩壊した。しかしマルクス「経済学」は、その崩壊を率先したアメリカにおいて、実演されているわけである。この歴史の皮肉に気づけば、アメリカの属国よろしく対米追随を続けている我が国もまた世界から嗤われて当然なのだと理解できるはずだ。だが、そのことを理解している識者は我が国に数えるほどしかいない。

アメリカがバグダッド攻撃を実行し、そして世界の世論がいっせいにアメリカに背を向けるとき、「親米」であればそれで事足れりとしてきた日本の「反左翼」の陣営はいったいどのような態度に出るのであろうか。彼らにいささかでも知的誠実が残っているなら、アメリカこそが（近代主義にまったく無批判であるという意味で）左翼国家なのだと知りうるのであるが、おそらくそうはならない。彼らは、せいぜいのところ、アメリカの軍事行動に若干の行き過ぎがあった、と認めるにとどまるであろう。

今からでも遅くない

いずれにせよ、アメリカとそれに引きずられる世界は、合理的な予測が不可能という意味での「危機」に直面している。そして危機に対応できるのはＩＴ（情報技術）ではなくＨＯ（ヒューマン・オーガニゼーションつまり人間組織）である。逆にいうと、ＨＯを崩壊させてきたという20世紀後半（とくにその90年代）の経緯が世界に全般的危機をもたらしたのであった。アメリカに生起しつつある経済恐慌とて、アメリカ経済におけるＩＴへの過大評価とＨＯへの過小評価にその原因がある。

ＨＯは「長期戦略」のために必要であり、そしてその「組織運営」を担うのがマネジャーつまり経営者である。アメリカ経済にあっては「物作り」をないがしろにした結果として、長期計画とそのための組織運営が軽視されてきた。たとえば企業経営者は、ストック・オプション（自社株購入権）を手に入れることにより、資本家に変じてしまったのである。

経営者という階層が衰微していくような社会においては、人々の視野はマイオピック（近視眼的）あるいはモメンタリー（利那的）になる。アメリカが企てている軍事行動がまさにその見本といわなければならない。現在の一瞬における利益や満足が高まれば、それで将来の展望もまた明るくなるというのは子供じみている。この子供の所業にもとづいて世界の株式市場が乱高下しているわけだが、今や、経済のみならず政治や文化までもがそうした子供の振る舞いによって振り回されているのである。

我が国には日本的経営とよばれるＨＯの英知があった。その英知が活かされるべきまさにそのときに、競争万能主義という子供じみた経済観がアメリカから大量輸入され、日本人はその輸入品を、90年代の10年に及んで楽しんだ。その結果、我が国でも経営者階層が死に絶えつつある。社会のあらゆる側面において噴出している組織の「不祥事」はそのことの反映と思われる。今からでも遅くはない。経営者階層の蘇生がなければ、その社会は長期的安定を失って、悲観に沈んだり楽観に舞ったりする。そろそろアメリカ流儀を反面教師とみなしたらどうなのか。来るべき「バグダッド」の戦火はそのことをはっきりと教えてくれるであろう。

39「いわゆる反左翼」は親米左翼にすぎない

（2002年10月号）

9・11テロから1年が経ち、それを記念するかのように国連総会でブッシュ演説が行われた。その内容はいうまでもなくイラク非難であり、そしてアメリカが準備完了したバグダッド攻撃の正当化であった。ブッシュ大統領の話しぶりにある種の下品さが色濃く漂っていたこと、つまり超絶した軍事力を保有するに至った大国が世界に恫喝をかけるといった様子であったこと、それについてはここでは立ち入らない。

立ち入るほかないのは、ブッシュ氏によるイラク批判が「憶説」にもとづくものでしかなかったことである。「イラクは大量殺戮兵器の貯蔵と製造に着手している」と繰り返し断言したが、ブッシュ氏は、それを裏づける証拠を一つも提供しえなかった。たしかにイラクは、湾岸戦争の停戦協定として、「査察」を受け入れることを約した。その後、イラクは査察拒否に向かうのだが、それにはイラクがわの理由が示されていた。一つに、査察団にアメリカのスパイが入っていたこと（そのことは、事後に、スパイ本人によって証言された）、二つに、イラクへの「嫌疑」が実証されない以上は、イラクにたいする経済制裁を解除すべきことという理由である。

イラクの言い分が絶対に正しいなどとは私は思わない。私のいいたいのは、議論といい論争といい、相手の論拠を反駁してみせるのでなければ、さらにその反駁に多少とも事実の裏づけを含めるのでなければ、子供の喧嘩に終わるということである。ブッシュ氏が開陳してみせたのは、その種の喧嘩口上にすぎなかった。「イラクへの嫌疑が確証されるのは、イラクが世界にたいして攻撃を開始するときであろう」とブッシュ氏はいった。だから今のうちにイラクをつぶしてしまえ、というわけだが、そういうのを恫喝という。何事についても、絶対に確実な証拠などは挙がりはしないものの、せめて周囲を納得させるに足る証拠を開示するのでなければ、相手をあけすけに非難すべきではない。ましてや、相手国に大量殺戮を仕掛けるべきではない。それが「文明」のルールというものである。

「ルールなき侵略」

先制武力攻撃をなすことを「侵略」という。私は侵略を否定しているのですらない。侵略にもそれなりのルールが必要だということ、そしてそのルールの第一条には、相手が侵略を受けるにふさわしい劣悪にして悪辣な国家であることを論証・実証してみせなければならない、と記されているはずだということである。ブッシュ演説はもちろんのこととして、近年におけるアメリカのやり口は文明のルールを公然とふみにじっている。そうであればこそ、そのやり口はダブル・スタンダード（二重基準）を露骨にみせつけることになってしまうのだ。

たとえば、今、チェチェンのテロリストたちがグルジアから出撃しグルジアへと逃げ込んでいる。それゆえロシアはグルジア攻撃に着手しようとしているのだが、アメリカはそれには強く反対している。要するに、グルジアの主権を侵犯するな、というのである。これがダブル・スタンダードでなくて何であろうか。ダブル・スタンダードとは、つまるところ、二つの同種の振る舞いについて、一方を肯定し他方を否定するということだ。それはルールそのものを投げ捨てる所業にほかならない。

そのうち、中国が「台湾は中国大陸にたいして攻撃準備をしている」という憶測にもとづいて台湾への侵略を始めるかもしれない。それと類似のことが、世界の随処に、大規模なものから小規模なものに至るまで、立て続くかもしれない。そういう事態に先鞭をつけたのは何かとなれば、それは論じるまでもなくブッシュ政権によるイラク侵略だということになるに違いないのである。それは侵略「戦争」ですらない。戦争とは「ルールにもとづく武力行使」のことである。アメリカがやろうとしているのはルールなき侵略なのであるから。国家テロルとよばれて然るべき類に属する。そうと察知すればこそ、アメリカ国内におけるものを少々含めて、世界の世論は、大勢として、アメリカのイラク侵略に異を唱えている。「ブッシュのスピッツ」といった立場にいることを――たとえば「自分は根っからの親米派」と公言することによって――引き受けている小泉首相までもが、ブッシュ大統領に向かって「なお一層の国際協調を」と要望しなければならなくなっているのである。

しかし、小泉氏が「殿、御自重を」ととりすがったとして、ふりかざした斧をふりおろすしかないのがブッシュ氏の立ち至った政治的状況なのであってみれば、「ルールなき侵略」による文明破壊の路線に人類の21世紀ははまりつつあるとみるほかあるまい。

「アメリカによる平定」

この新世紀の展望を「パクス・アメリカーナ」とよんで歓迎するものがいないわけではない。そういう珍妙な種属が目立つのは、北米大陸のことを除いていうと、ニッポン列島においてである。いわゆる「反左翼」であることに生き甲斐を感じてきたこの種属は、親米の態度をむくつけく示すのも左翼だということに気づいていない。左翼とは、自由主義や民主主義をはじめとする「近代」のイデオロギーを信奉し、その信仰に殉じて近代主義的な国家を「壮大な社会実験」として創造せんとすることをさす。社会主義諸国家はその実験を集団主義的にやろうとして失敗した。個人主義の諸国家も――といってもそれを標榜しているのはアメリカくらいのものなのだが――その自由が放縦に落ち、その平等が画一に流れ、その博愛が偽善に歪むというような形で、文明から遠ざかりつつある。

ラテン語でパクスといい英語でピースといい、その原義は「平定」ということである。我が国の「反左翼」のなかには、正確には「アメリカ型左翼」に寄り添うのを旨として戦後を生きてきた連中のなかには、パクス・アメリカーナの勝利を予測し、その「勝ち組」に乗るのが日本にとっての唯一の外交方針だ、と触れ回っているものが少なくない。嗤うべきは、彼らは政治家でも外交官でもなく、一介の学者、評論家、ジャーナリストにすぎないという点だ。アメリカの「平定」工作の矢面に立つ政治家・外交官ならば、アメリカに土下座しなくてはならない局面があるかもしれない。しかしそういう外交の最前線にいないものは、自国の政治家・外交官が土下座しなくてすむように、もっと控え目にいえば、その土下座の期間をできるだけ短くしてやるように、平定者たるアメリカへの批判の態度を堅持しなくてはならない。そうしてやれば、政治家・外交官も「土下座して差し上げたいのですが、そんなことをすれば、うちの国民から放逐されますもので」と言い逃れることもできようというものだ。

親米左翼くらい醜い心性の持ち主もまたといない。「アメリカ帝国が世界の安定を維持してくれる」との理由で、彼らはパクス・アメリカーナの傘の下に急いで駆け込もうとしている。彼らには「命あっての物種」という下等な価値観しかなく、その物種からどんな葉を茂らせ、どのような花を咲かせ、いかなる実を成らせるかという価値観は皆無なのである。国民としての誇りの一片でもあれば、「アメリカによる平定」を受けましょうと喧伝して回ることなどできないはずである。

㊵金《カネ》体制による金《キム》体制の擁護——小泉対朝外交の真実

（2002年11月）

日朝国交交渉のことは北朝鮮がわが言い出したことである。その一事をとってみても、アメリカがイラクとの二正面軍事作戦を恐れ、日本を通じて北朝鮮との宥和を図った、という要因は、仮にあったとしても、あくまで副次的なものにすぎないと考えられる。逆の説、つまり北朝鮮がアメリカからの侵略攻撃を恐れたという見方にも、簡単にはうなづけない。というのもその場合には、アメリカが「余計な手出しはしてくれるな」という文句を日本につけてきたはずだからである。

といったような論を整理していくと、北朝鮮が日朝国交へと乗り出した（ほとんど唯一といってよい）最大の理由は、要するに、日本からの「経済協力」を引き出すところにあったと断言してさしつかえあるまい。議論すべきは「なぜ日本がその誘いに乗ったか」ということであるはずだ。それなのに、外交の専門家と称する連中は、「テロの時代」という世界情勢にかかわらせて、アメリカの意向を忖度するのに忙しい。「下手な考え、休むに似たり」と彼ら専門人は知るべきだ。武器や麻薬の密輸出がままならなくなった上に、朝銀東京信組がつぶれかかって、パチンコ資金の密輸入が途絶えるとなれば、北朝鮮としては、拉致問題について「謝罪」してみせるから「カネをくれ」、といわざるをえなくなったのだ。

それにしても、小泉政権はなぜ北朝鮮の誘いにやすやすと乗ったのか。考えうる理由は、北朝鮮からのミサイル攻撃を恐れた、というような国防上の配慮である。しかしこの説明も受け入れられない。なぜといって、もしそうなら、対朝防衛体制がもっと強化されていたに違いないからである。その方向での防衛強化は実際に着手されていないばかりか、その必要が国会で真剣に議論された形跡すらない。

交渉開始へのハードル

つまるところ、大いに驚き嘆くべきことなのだが、小泉対朝外交を促したのは「平和主義外交」という戦後的悪習であった、とみるほかない。ここで平和主義外交というのは、「隣人と付き合うのは無条件にすばらしいことだ」という態度のことをさす。そう考えたからこそ、日本の外務省も内閣も、金正日将軍様もしくは首領様の（拉致問題についての）「謝罪」というきわめて低いハードルを超えさえすれば、国交交渉のための平壌宣言に署名すべしと決断したのであった。

交渉開始へのハードルをこのように低くしたことについては、国交はメジャーな問題だが、拉致はマイナーな問題だ、という外交上の判断がはたらいたであろう――事実、私は外務省サイドからそうした見解を聞かされてもいる――。拉致被害者やその家族には申し訳ない言い方になるが、この外務省の判断は、それ自体としては、正当なものである。もし日朝国交が必要だとしたら、そして拉致問題がその必要事の実行を妨げるのだとしたら、事の軽重からして、拉致被害者とその家族には泣き寝入りしてもらうほかないと言うことも起こりうる。それが国際政治の現実というものなのだ。

だが、どんな国との国交もそうなのだが、とりわけ北朝鮮のような国とのそれにおいては、相手に対する「不信」を前提にした上で国交のルールを定めなければならない。もっというと、その不信の程度をみきわめなければ、国交の在り方が決められないのである。そこで、拉致問題を国交問題と切り離してはならぬ、という重大な論点が浮上してくる。つまり、拉致問題について北朝鮮がどういう処置をするか、それは北朝鮮にたいする信頼度（逆にいうと不信度）を測定するに当たって、最も重要なリトマス試験紙なのである。一般的にいえば、メジャーな問題とマイナーな問題を区別するのは結構だが、それらを分離してはならぬということだ。そうであればこそ、「真理は細部に宿る」という格言もあるのである。

国交交渉のためのハードルをもっと高く設定すべきであったと私は思う。拉致被害者の実数やその方々の安否の経緯について、もっと詳細でもっと確実な情報が寄せられるまでは、平壌宣言に署名すべきではなかったのだ。そして同時に認めなければならないのは、そのように高いハードルをおいた場合には、北朝鮮が国交交渉を断念する可能性が高まり、その結果、拉致問題は放置されたままになるであろう、ということだ。

平和主義外交の病理

ここで人情論の虚しさを確認しなければならない。世論では、人情論にもとづいて「拉致情報の公開を北朝鮮に迫るべきだ」と騒がれている。しかし、そうすれば、拉致問題を放置するという不人情な事態に立ち至る可能性もまた高まるのである。私の強調したいのは、その不人情な事態がどんな帰結をもたらすかについて、もっと考慮すべきだということにほかならない。

日本の経済協力がなければ、北朝鮮は自壊に向かう。また北朝鮮が崩壊しなければ、朝鮮半島の統一ということも実現されないであろう。逆にいうと、日本の経済協力は北朝鮮という経済的に非効率で政治的に不自由な国家を温存させるのに貢献するということだ。とくに小泉首相が運ぶことになる1兆円だか2兆円だかのカネが北朝鮮の軍隊と警察に流れることを思うと、日本の経済協力とは「金体制による金体制の維持」以外の何ものでもありはしない、と見通さなければならない。

そのようなことをしなければならないときがある、それが国際政治だとはいうものの、金支援による金擁護の功罪についていささかも検討しない、というのでは平和主義外交の病理も重症だとしかいいようがない。中国やロシアは、さらにはアメリカも、朝鮮半島の北部は静かであればそれでよい、と踏んでいることであろう。下手に朝鮮半島が統一されて、それに伴う政治的・経済的な混乱が東アジアの新たな不安定要因になることを懸念しているとすら思われる。大国のそういう打算を見抜けぬままに小泉首相がカモネギとなるのをみるのは、日本国民として恥ずかしいことである。

もうじきアメリカは（単独でも）イラクを侵略するといわれている。大量殺戮兵器を保有・製造しているという嫌疑とフセイン大統領が独裁制を敷いているという罪科とで、その侵略はなされる。いや、それらの理由で、すでに10年の長きに及んでイラクには経済封鎖がかけられている。それと同じ嫌疑・罪科が北朝鮮に寄せられているのに、日本はそこに国交交渉と経済協力で臨もうとしている。その歴然たる矛盾の前で諸大国は平然としている。つまり、アメリカをはじめとして、あっちにはああいい、こっちにはこういう、というダブル・スタンダード（二重基準）が世界を覆いつつあるのである。

そういう世界情勢のなかで日本の政治家や役人が、場当たり的な外交に着手したとて、驚くには当たらない。うんざりするのは、場当たり的な言動ではやってはいけないはずの知識人（学者、評論家、ジャーナリスト）がこぞってニーチェのいった「三つのM」に、つまり「気分《ムード》」と（世論の）「運動《ムーブメント》」と「刹那《モーメント》」のなかに、身を投じているという光景をみせつけられるときである。今度の対朝外交ではまさに「三つのM」が盛大に花開いた。そしてその花は1カ月も経たぬのに散ろうとしている。こんなことでは、国の無防備の犠牲となった拉致被害者も浮かばれまい。

㊶竹中改革にみられる「文明の野蛮」
（2002年12月）

竹中金融（経済財政）担当相の金融改革が物議をかもしている。それは一つに、不良債権のことを含め銀行経営の監査を厳しくすることによって、銀行の貸し渋りおよび貸し剥がしを促進し、二つに、公的資金の投入によって、銀行の国有化をもたらす、と予想されている。竹中改革が現にデフレを加速させていることは否定できない。

それにもかかわらず小泉政権への支持率が低下していないのは一体どうしたことか。考えられる理由はたった一つである。つまり、「痛みをともなう改革」という小泉氏の謳い文句を真に受けて、世人が痛みのあとに健康がやってくるのであろうと、不安まじりにではあろうが、期待しているということだ。しかし、こんな期待をする世人は経済のことを何も知らないにきまっている。なぜといって、株価はその企業の将来の見込収益が大きいと期待されれば、それを反映して上昇するはずのものだからである。竹中改革によって株価がさらに下落しているということは、いわゆる「市場の声」が竹中改革によっては将来収益の向上は見込めない、と判断したということなのだ。

近視眼的刹那主義

そこで思い出すのは、「市場の声を聞け」というエコノミスト連の掛け声である。何年か前まで、政府官僚を批判するときの決まり文句がその掛け声であった。つまり、「小さな政府」と「大きな市場」がよいのだと思い込まれていたあいだは、「市場の声」なるものが絶対とされていたわけである。それは「世論の声」という民主主義のイデオロギーとも呼応するために、経済新聞や経済雑誌における憲法的条文にまでなっていたといってさしつかえない。

一般国民は、株価の動きをはじめとする市場の声の意味するところを知らずに、相も変わらず、この痛みが過ぎれば自分の病気が治るに違いない、と思っているのであろう。それはまったくやむをえないところだ。解せないのは、いや簡単に理解できるのが許し難いのは、エコノミストたちの曲学阿世である。彼らは世に阿ねって、少し前までは市場の声を崇めていたのに、今ではそれを嘲《あざけ》っているのである。

私自身は、市場の声なるものに大して重きをおかない。その声は、世の流行と大して変わらず、現在只今の世間の気分を刹那的に反映するにすぎないことが多いのである。つまり株価でいえば、現在の企業収益が上昇（下落）すれば、将来のそれも上昇（下落）するであろうというふうに、ごく単純に期待が形成されているということである。これを英語でマイオピア（近視眼）もしくはモメンタリズム（刹那主義）という。市場に放り出された個人の経済的判断は、世論に掲げ出された個人の政治的意見と同じく、近視眼的刹那主義の域を出ないことが多いのである。

この欄ですでに述べたことだが、ＩＴ（情報技術）に将来を見通す力量があるとするのは、いいかえればＩＴ革命を礼讃する市場の声は、完全に間違っている。なぜといって、ＩＴに未来予測において力を発揮することができるのは、未来が確率分布でとらえられる場合にかぎられ、そしてそんな場合はめったにあるものではないからである。

必要なのは、市場や世論の場において分散させられ孤立させられている諸個人を、組織的な関係のなかに、いや組織といって強すぎれば何らか安定した集団関係のなかに、おいてやることではないのか。そして、そうした組織や集団が、自分らの安定した人間関係における協議や協調や協働の力を信頼することを通じて、未来にたいして安定した期待を形づくることができるのではないか。もっと一般的にいえば、未来もまた人間の集まりによってマネージ（経営）されるものであり、それゆえ確かな経営体をつくるのに成功しなければ、期待収益を安定させることなど不可能なのである。

欠かせない「官民協調」

竹中改革に話を戻すと、そのいわゆるハードランディング（強行着陸）が批判されて、改革のソフトランディング（軟着陸）のために、「産業再生機構」と「雇用促進制度」が同時に推し進められる運びとなった。ところが、その軟着陸法の内容を一言でまとめれば、再生計画や就職活動のうち、見込みのあるものへの融資条件を緩くする、ということに尽きるのだ。そこには、又しても、「官を排して民に就け」との市場主義のイデオロギーが反映されているといわなければならない。

今の日本経済の実情を直視すれば、「意欲にあふれた将来計画」そのものが次々と消滅していることに気づくほかない。それもそのはず、「先行き見通し」が暗澹たる状態にあるときに、意欲をもって将来計画にとりかかるものが多いわけがないのである。問題は、経済の先行き見通しを明かるいものにするためにはどうすればよいか、ということなのだ。それを市場にまかせっ切りで済むかどうか、もし済まないなら政府組織をはじめとして、産業組織や企業組織が、さらには地域組織や家族・学校組織までもが、未来にたいして展望を切り拓く再生計画に正面から取り組まなければならない。

その取り組みに責任を持とうとすれば、再生の望みが高いのは、主として、人々の公共的願望を実現する方向においてだ、とすぐ見当がつくであろう。マーケッタブル・グッズ（市場財）にかんする人々の欲望は、どうやら飽和に近づいている。しかし、パブリック・グッズ（公共財）への欲望は、未充足のままに放置されている。それが、日本のものをはじめとする、「資本主義」の世界的現実である。資本利潤と資本蓄積その最大化をめざす資本「主義」は各国民社会の公共的空間を次々と破壊してきたのである。その破壊されたものを再建し拡充することについてならば、人々の意欲は、少なくとも潜在的にいって、高いとみてよいであろう。

そしてそのための計画には、事が公共財にかかわるからには、ＧＯ（政府組織）であれＮＧＯ（非政府組織）であれ、公共的な性格を有した非組織の協力が不可欠である。ただし、それは計画経済を是認することではない。計画立案に始まり資金調達を経由して業績監査に到達するまでの過程での、官民のコオペレーション（協調）が必要だということである。

はっきりいわせてもらう。産業再生と雇用促進には、「官民協調」が欠かせないのだ。この一点を見逃せば、どんな改革も掛け声倒れに終わる、ということをできるだけ急いで確認しなければならないのである。その確認からはるかに遠いところにいるために、小泉内閣は打倒されなければならないのだ。

だが、内閣打倒の声はどこからも挙がってこない。そればかりか、「小泉首相に大きな問題があるとしても、それに代わる指導者の人材がいない」という声が多いのである。その声こそが無責任の典型なのだと知らなければならない。小泉氏や竹中氏に代わりうるような人材は山ほどいる。もしいないというのなら、日本人はこぞって阿呆だということになってしまう。それらの有能な人材が表に出てくるのを妨げているのが市場の声であり世論の声なのである。大きくいえば、民主主義が有能な人士を扼殺しているという現代文明の野蛮に気づかなければ、文明の救済はありえないところまで状況は切迫しているのである。

㊷詐話が罷り通る時代

（2003年1月）

グローバリズムとは各国のナショナリティ（国民性）が破壊されることにほかならない。そして国民性の中心には国語が、とりわけ国語表現における価値意識と規範感覚があるのである以上、グローバリズムの進展につれて、各国民の言語表現が基準を失っていかざるをえない。つまり詐話といってさしつかえないような言葉が白昼公然と世論の大道をのし歩くことになるのである。

リッター証言が明かすアメリカの帝国主義

「真珠湾」の記念日に、NHK衛星放送で「査察の真実」というドキュメンタリー番組が放映された。それは、90年代の大半において国連による「対イラク大量破壊兵器査察」の現地団長であったスエット・リッターが作成・出演の中心をなす番組であって、一言でまとめれば「イラクは実質的に武装解除」されているという査察結果を世界に向けて広報しようというものである。リッターはアメリカ人であり、また母国にたいして特殊な反発感情を抱いていた人間ではない。それどころか、イラクから「アメリカのスパイ」と名指しされて追放されたことがあるくらい、アメリカに柔順であろうと努力したのがリッターという男である。だが、その積年にわたる査察の結果、イラクの（大量破壊兵器にかんする）武装解除ということのほかは何も発見できなかったのである。

そのリッター報告が国連安保理において承認されなかったのはなぜか。アメリカが横槍を入れて、「フセインは何か重要なことを隠している」と主張しつづけたからである。しかしこの主張はあまりにも根拠薄弱であった。というのも、CIAの（衛星写真にもとづく）秘密情報なるものは、実地に検証してみると、湾岸戦争時に砂漠に掘られた穴の跡といった程度のものにすぎないのである。またリッターが述べているところによると、アメリカは査察国にたいして「イラクとトラブルを起こせ」と執拗に要請してきたという。いうまでもなく、それを口実にイラクを攻撃せんがためである。

もちろん、リッター報告が疑うべからざる真実だと断言したいのではない。私のいいたいのは、2001年に作成されたこのフィルムを反証する作業は何一つ行なわれておらず、そうならば、暫時の仮説として、この証言を正当とみなさなければならないということである。しかるにアメリカがやっているのは「フセインは嘘吐きだ、だからフセインのいうことを聞いていたら騙される」という子供だましの理屈を重ねることでしかない。このたびの1万頁にのぼるイラクの申告書についても、まだ一行もそれを翻訳していない段階から「長文なのは人をあざむく最も効果的な方法だ」と決め込んでいるだけのことだ。

グローバリズムの時代にはピュエリリズム（文化的小児病）が蔓延する、と断言してもよいのではないか。アメリカは、聞いているほうが鼻白むような批難を、というより誹謗中傷を、休むことなく加えながら、イラクを侵略しようとしている。その動機は「独裁制の排除」と銘打ってはいるものの、本音としては、イラクにまだ豊富に埋蔵されている石油資源への権益を確保することだ、事情通からすでに見透かされている。そうであればこそ、12月初めの中露の首脳会談では「イラク平定後には、中国もロシアもアメリカに対抗してイラクへの投資を行おう」と確約しているのである。

嘘を世界の世論として、世界を戦争へと巻き込んでいる、これがアメリカのやり方である。世界の到る処で、徐々に確実に、反米感情が高まっている。そういう世界の動きから完全に取り残されているのはこの列島だけだ、という事実を我々はもっと直視すべきではないのか。

竹中改革が進める「禿鷹への好餌」計画

竹中金融相は市場主義者との触れ込みで経済世論の方面に登場した。市場のことを少しは知っているなら、デフレーション（負の価格変化率）が生じるのは、原則として、供給が需要を上回っている場合だと考えるのが常識である。その常識に立つかぎり、需要増大を図るほかにデフレからの脱け道はないとみなければならない。それなのにこの市場主義者は、有効需要増大策のことをおざなりにして、不良債権の抜本処理と称して、銀行の国有化をも厭わずに、銀行を「貸し剥がし」行為へと駆り立てている。それが企業倒産・失業発生をさらに加速させるのは眼にみえている。

もし市場に旺盛な投資意欲があり、それの実現を（不良債権に起因する）「貸し渋り」が妨げているというのなら、不良債権処理を優先させるのもうなづける。しかし今の市場にそう大きな投資意欲があろうとは思われない。それもそのはず、家計の（市場財にたいする）消費意欲がいささかも増大していないのであるから、投資意欲が高まるわけもないのである。

竹中改革がもたらす企業倒産・失業発生の累積のなかで、日本企業の株価が下落の一途をたどる。そこで一般に「禿鷹」資本とよばれている（外資系の）ヘッジファンドが暗躍する。つまり、政策の失敗ゆえに実力よりも下落させられた株価で日本企業を買収し、やがてそれを高値で売り払おうと禿鷹たちが文字通りに鵜の目鷹の目なのである。

察するに竹中氏は、丸っ切りの馬鹿ではないとしたら、自分の失政に内心では恐れ戦いているのであろう。しかしここで言を左右させたら、自分の市場主義者の面子が丸つぶれである。嘘をつらぬき通す以外に自分の立場を守る道はないと構えたのではないか。幸いにも「抵抗勢力」というものがあるので、自分の政策が完全に実施されることはありえない。つまり、悪しき結果を抵抗勢力による邪魔立てのせいにすることができる。かかる一大臣のエゴイズムが一国の経済を骨の髄まで腐らせようとしているのであるから、信じてはならぬ人間、それは曲学阿世の徒だといわずにはおれない。

竹中氏の発表した「産業再生機構」の骨格にしてもひどいものである。「意欲と展望」のない企業は倒産させる、というのがこの趣旨だと思われるが、今問題なのは、経済失政が企業から「意欲と展望」を奪っているということなのである。必要なのは、国民が未充足感を抱いているに違いない公共財の方面において、政府が具体的な企画を構想し、それに民間の参加を促すこと、そうすることによって市場への有効需要を増大させることではないのか。それが産業再生機構の眼目でなければならない。それにもかかわらず、竹中改革は企業の「意欲と展望」をさらに先細りさせる類のものにすぎない。

軍国主義にせよ市場主義にせよ、眼を覆うばかりの虚偽を吐き散らかしている。この事態を文明のリバーバライゼーション（再野蛮化）とよぶのに私はいささかの躊躇も覚えない。１９３０年代、まさにそうした野蛮な事態が横行していた。それから70年、世界にふたたび（ヤスパースという哲学者がいったところの）「偽装の言葉」があふれている。しかも、往時と同じく、知識人が先頭に立って偽装の言葉を生産し流通させ消費している。これはまさしく（バンダという哲学者がいった）「知識人の裏切り」を地で行く光景である。

㊸ 袋小路に入ったアメリカ戦略（2003年2月）

いわゆる外信（外国通信）に詳しい記者諸君から、イラク問題について二つのまったく逆の見通しが私に伝えられる。一つは、「ラムズフェルド国防長官は、この2月には、イラク周辺に15万の米兵を派遣するというのであるから、イラク攻略は必至」というもので、もう一つは「査察団がイラクが大量破壊兵器の製造・保有しているという確証なしと国連安保理に報告し、そしてブッシュ大統領の唯一頼りになる外国の友人ブレア首相すらがアメリカはイラク攻略を急ぐべきではないといいはじめているので、アメリカは鉾を収めること必定」というものである。

進んでも退いても地獄の「イラク」戦線

だが、イラク攻略を実施すれば、国際社会の世論は、とくに（イスラエルを除く）中近東の方面において、強く反米に傾き、そしてそれを中止すれば、アメリカ国内の世論は、とくに産軍複合体の方面にあって、大きく反ブッシュに動く。つまりブッシュ政権は解き難いジレンマ（板挟み状態）のなかにみずから歩を進めてしまったわけである。私の（単なる常識にもとづく）予想では、アメリカは地上軍を実質的に動かさず、フセインの「王宮」を含めて目立った公共施設を空爆で徹底的に破壊するであろう。そうすることでお茶を濁すのではないか。ついでに、クルド族を何とか動員して反フセインの臨時政権を山岳地帯に創るというお芝居をやるかもしれない。

いずれにせよ、「フセイン政権の打倒」という少し前まで振っていた民主主義の旗は素知らぬげに降ろされるであろう。また、いうまでもないことだが、「国際テロの基地」を叩くという1年前の名目は、オサマ・ビンラディンの生体も死体もみつかっていないのである以上、不可能である。さらにいうまでもないのは、「イラクの石油資源を入手する」というアメリカのもくろみは、仮に国際資本の対イラク投資が再開・進行するのだとしても、そこに欧州も中露も日本も参加するのであってみれば、順調にいくわけがない。

私の指摘したいのは、どんな戦略も机上の計算通りにはいかないという平凡な一事である。たしかに57年前のGHQ（連合軍総司令部）戦略は、その思惑をほぼパーフェクトに達成できた。しかし、敗戦の翌日からといった調子で占領軍を解放軍あつかいしたのは我ら日本人がきわめて特異な振る舞いをしたということであって、一般には、「文明の衝突」が一方の全面的勝利に終わるのは奇跡に近いといわなければならない。

それにしても我が国の親米派はこれからどう振る舞うつもりなのか。彼らの親米は、対米批判を一切差し控えよ、それをなすものには「反米の親テロリスト」というレッテルを貼りつけるぞ、と叫び立てる類のものだ。ブレア首相までもがアメリカの短慮にブレーキをかけようとしている今、（小泉首相を含む）日本の親米派の対米——といってもその政権が公式に発表している方針に対する——全面服従はあまりにも異常にみえる。

政治家や経営者ならば、物言えば唇寒し、といった実際的な事情があるのやもしれない。しかし、学者・評論家・ジャーナリストが強いものには巻かれよと主張し、巻かれようとしないのはテロリズムを肯定している証拠ではないかと猜疑するのは、知識人として自殺行為である。

彼らがマスメディアで連日のように公表している予測・判断ときたひには、「国連査察団は確証を握るに至っていないが、アメリカはイラクを攻略するであろう」といった種類のものにすぎない。つまり、それを正当化する確証が一片もないのに他国を侵略するのは不当ではないのか、と発言する気力は——ひょっとしたらそのように考察する能力も——彼らにはないらしい。そういう精神的に無力なものたちで知識界のおおよそ全域が占められているというのはまさに奇観である。

叱っても宥めても効果のない「北朝鮮」

日本の知識人がその名に値しないという証拠を「北朝鮮問題」への対応にもみることができる。アメリカは、一つにイラク問題に関心と努力を集中させたいために、そして二つに中露両国が北朝鮮と特殊なかかわりを持っていることに配慮して、北朝鮮には「武力ではなく外交」によって対処すると構えている。しかも金正日総統はといえば、「核不拡散条約からの離脱とミサイル発射実験の再開」を公然と表明しているのである。それとの引き換え条件は、アメリカが「石油輸出の再開と不可侵条約の締結」を北朝鮮に約することだという。

アメリカが展開しているのは、喩えていえば、「暴力団には外交を、チンピラには武力を」という道理の通らぬ戦略である。それを説明するに当たって、アメリカの（大統領を先頭にする）当局者は「相手が異なれば対応の仕方が異なるのが当たり前」とうそぶいている。何という子供だましの言辞であることか。道理とは、その「異なり方」に合理的な筋道がある、ということにほかならない。殺人者に刑の執行を猶予し、窃盗者はたちどころに死刑に処すというのは、道理から外れること甚だしというほかない。

アメリカがその新軍事ドクトリンでいう「アメリカ的国際主義」は「アメリカの国益に沿うように他国と（戦争を含めて）関係を取り結ぶ」ということ以外の何ものでもない。だから、「重罪人」の北朝鮮には外交をもってし「軽罪人」のイラクにたいしては侵略戦争を仕掛ける、という必要なり必然なりがあるのかもしれない。しかしそんな（アメリカという）外国の都合に完全に歩調を合わせるのは、アメリカの属国ならばいざ知らず、自尊心のかけらでも持った国家のなしうるところではない。

北朝鮮の準備している「核」を何とかしてくれるのはアメリカをおいてほかにないのであるから、アメリカの後をついていくのが賢明だと親米派の知識人はいう。そのなかの目立った一人は、大晦日の深夜テレビ番組で「アメリカの庇護の下でのみ日本は自立できるのだ」と宣うていた。私ならば、この北朝鮮の核に話を限定していうと、「北朝鮮のミサイルを迎撃する軍事体制を日本は整えなければならない、日本の核武装についても真剣に考える必要がある。それらの方策にたいしてアメリカは強硬に邪魔立てするであろうから、アメリカとの距離のとり方をうまく工夫しなければならない」と発言する。

それにしても「庇護を受けつつ自立する」というたわ言を吐くようになったら人間はもう御仕舞である。というより、この10年間の人類は、洋の東西も階層の上下も問わずに、解釈不可能という意味でのたわ言ばかりを吐き散らかしている。「神を信じぬことはすべてを疑うことではない、それは神以外のすべてを信じることなのだ」（G・チェスタトン）よいう格言を真似ていえば、国家を受け入れないことはすべてを捨て去ることではない、それは国家以外のこの世のすべてを受け入れることなのである。その結果、アメリカからやってくる（構造改革論をはじめとする）たわ言をすべて受け入れ、ついに「軽罪人には重罰を、重罪人には軽罰を」というような訳のわからぬことを口走りはじめたのである。なぜアメリカ発のたわ言がこの国で繰り返されるのか。理由は簡単で、「戦後」日本人にとって、「この世」はアメリカに取り仕切られていると映じているのである。アメリカがやがて巨大な失態をさらすのを目の当たりにして、「戦後」日本人が腰でも抜かしてくれたら有り難いのだが。

㊹核武装論議を開始すべし（2003年3月）

保守派を自称するある著名な——つまり歴史教科書問題の先頭に立っている——論客が「アメリカは北朝鮮にたいしてもっと強腰であるべきだ」と不平を述べ立てている。「アメリカは日本を守る義務がある」という日米安保同盟の趣旨からして、対朝強硬姿勢が当然だというのである。北朝鮮は、アメリカが宥和政策をもって当たれば、ますます図に乗って、日本に「核の威嚇」をかけてくるというわけだ。

この論客は親米派を標榜することでも著名であり、あるテレビ番組で「アメリカの庇護の下での日本の自立」を訴えていた。だから、このアメリカへの不満は、要するに、アメリカの日本にたいする庇護が（北朝鮮問題をめぐって）不十分、不完全であることに向けられているとしか思いようがない。

自主防衛に進むべし

これは、私には呆れ果てる以外に手のない情けない姿勢にみえる。なぜといって、日本の防衛はまずもって日本自身が心掛けるべき事柄だからである。たとえば北朝鮮の核威嚇にたいする最も素直な対応は、日本がＮＰＴ（核不拡散条約）から脱退してみずからを核で武装する、ということであろう。そういう方向を、一般に「自主防衛」という。というより、アメリカに「オンブにダッコ」をしてもらおうと構えてきたという経緯があるせいで、自主防衛などという用語がことさらに必要になってしまうわけで、他国の庇護に頼らずに自立しようとする普通の国ならば、防衛は自主的であるに決まっているのだ。

この論者も認めているように、最近、アメリカは「核武装をする気があるのかどうか」と日本に打診してきている。そうなのだということを、私も、ある自衛隊の関係者からじかに聞いている。またアメリカがわからの報告書をあれこれ読んでいても、「日本はいずれ核武装に入るであろう」と予測されてもいる。

驚くべきことに、この保守派論客は、かかるアメリカの打診や予測を無責任だと非難している。アメリカは、一方で北朝鮮を甘やかし、他方で（通常兵力の削減をも要求するというような形で）北朝鮮を侮蔑するものだから、日本への核威嚇が促進されたのだという理屈である。そういう因果が何ほどかあると私も認めはする。しかし、そもそもそんな威嚇が簡単に行われるのは、日本が脅かしやすい国だからである。少なくともアメリカの庇護が弱まれば、金正日のあけすけの恫喝に簡単に屈するのが我らの国防の現状だといって過言ではない。

たしかに日米同盟では「相手の防衛に協力する」ということが約されている。しかしその「協力」の具体的内容は何かを決めるに際しては、両国はそれぞれの国益を重んじる。したがって、アメリカが「イラクには武力攻略、北朝鮮には外交交渉」という戦略をとっているのは、アメリカなりの国益計算にもとづいてのことだとみなければならない。その計算に誤算あり、と忠告してやるのも必要かもしれないが、その前に、日本は独自でみずからの国益計算を行い、そしてその計算書の冒頭に自主防衛の項目を入れなければならないのである。

西方からの核ミサイルにたいする迎撃体制といわゆる核の戦争抑止力という見地からする核武装、今、日本人が正面から論議しなければならないのはこのことではないのか。アメリカにもっときちんと庇護してくれと不平をいうのは、この自主防衛の姿勢が弱り切っていることの現れにすぎない。アメリカがイラクにかまけて東アジアのことを二の次にしているのは、ある意味で絶好の機会である。日本は自主的に（核武装のことも含めて）防衛体制を組む、と世界に宣言すべきなのだ。アメリカがそうなるであろう、と予測してもいるのであってみれば、アメリカに「庇護」の延長や強化を要求するのは、はっきりいって、極度に甘やかされた国民のみがなしうる子供の所業といわれて致し方あるまい。

「中国の脅威」を口実にするな

私がこのようにいうと、日本だけで中国に対抗できるのか、日米軍事同盟は不可欠だ、だからアメリカ批判は謹むべきだ、という反論がすぐ返ってくる。甘えにもとづくアメリカへの不平は許すが、日本の自立という方向でのアメリカ批判を禁句とする、それがいわゆる親米派の規約とみえる。

実にばかばかしい決め事ではある。元来、同盟とは自立した国々のあいだの協力のことであり、それゆえ、その同盟の具体的な展開において互いに批判し合うこともある、ととらえておかなければならない。そうした自立の態度があれば、現在の日米同盟を「双務的」とみるのはしょせん条約上の字面のことと察しがつく。つまり、日米安保における主導権はあくまでアメリカにあるということである。そうなってしまったについては、「アメリカに庇護してもらう」という属国精神が戦後日本人に、とくに親米派に、骨がらみに染み付いてしまったという事情があるにちがいない。

中国はこわい国だ、アメリカの助けなしに中国から身を守れるわけがない、という親米派の言い分は、間違ってはいないものの、正確ではない。自力で中国に抗しうるよう最大限の防衛努力をするということを「前提」にした上で、アメリカといかに協力するか、というふうに論を立てなければならない。いやそれどころか、その国の国益計算がどうなるかによって「協力」の内容は大きくぶれるのであるから、根本姿勢としては、アメリカの協力を当てにするというところから防衛問題を論じてはならないのである。

今、アメリカでは、韓国で（対朝宥和の）「太陽政策」を踏襲されているのみならず、反米運動が高まりをみせていることに反発して、在韓米軍を引き上げる、との議論が起こっている。自分の言うとおりにしないのなら協力しない、それがアメリカのやり方ということなのであろうか。もしそうだというのなら、米国式は中国式と酷似しているとみなければならない。

もちろん、アメリカと中国はやがてがっぷり四つに組んで対峙することになる、それがこの地球の戦略的配置なのであろうから、アメリカが日本を中国がわに追いやるはずはない。しかしアメリカは、その過程では、中国との妥協のために日本をないがしろにする、というようなことも平気でやる国である。少なくとも、そういう事態もありうべし、と考えておくのが自主防衛の基本である。どだい、「中国はこわい国だ」という見解にしても、その巨大人口を目の当たりにしての、あまりに情緒的な反応にすぎない。その「こわさ」なるものが当方の自主防衛の程度によっていかに減少していくものであるかを見極めた上での判断ではないのである。

私は反米のイデオロギーを喧伝しているのではない。欧州諸国がそうおいそれとアメリカの軍門に下るまいと努力している姿を少しは参考にしたらどうか、といいたいだけのことである。アメリカからは、状況に応じて、ジャパン・バッシング（日本叩き）が発動される。それには屈従するが日本からのアメリカ批判はタブーとする、というのでは「同盟」が形作られるわけがない。そろそろ、自主防衛の旗を高くかかげて、核武装論議も公然と推し進めるべき秋である。そうした作業に真剣に取り組もうとするとき、「アメリカの庇護の下での日本の自立」などという親米派のたわ言が大きな障害となる。「日本の自立を前提とするアメリカとの協力」、そのほかに日本の進む道があろうとは思われない。

㊺国際社会を愚弄する日米両国（2003年4月）

デモクラシーつまり民主主義よりも高い政治理念は存在しないと思われている。だからこそアメリカの25万の軍隊は、民主主義の名において、フセイン独裁体制を破壊すべく、イラク侵略を断行することができるのである。少し落ち着いて考えれば、シーザーに始まりヒットラーを経て毛沢東に至るまで、さらにはブッシュ大統領その人のことも含めて、デーモス（民衆）の歓呼の声によって独裁者が誕生することが多いとわかるはずだ。つまり、「民主主義によって民主主義を否定する」という歴史的経緯があったことを振り返るなら、民主主義を大上段にかざすのは愚か者の所業だということになる。

国際民主主義の混迷

どだい、デモクラシーは「民衆政治」と訳されるべき言葉にすぎない。そうしておけば、デモクラシーの成否は、一にかかって、民衆の多数派が賢明であるかそれとも愚劣であるかによる、と推測できる。民主つまり「民衆に主権あり」としてしまうと、民衆の多くは主権者にふさわしく立派な資質を有している、とみなすような欺瞞に引き込まれる。

それ以上に問題なのは、「民」とは誰のことかという点だ。要するに、デーモスは国民なのか人民なのか。いまのアメリカがまさにそうなっているように、自国の国民の声には耳を傾けるが、他国の人民の声については、それを無視さらには排撃することもあるのがデモクラシーである。そうならば民主主義の擁護も、自国の政体のあるべき姿を問う、と範囲にとどめなければばらない。もちろん、他国が独裁制をとっているのを放置するわけにはいくまいが、それへの対策は、たとえば義勇軍への援助といったような間接的なやり方に頼らざるをえないのである。

いや、国際法や国際組織のあり方を論じるときには、「各国の代表者たちのあいだの民主主義」というものを考えるほかない。そうした考えにもとづいて、いま（3月16日現在）、国連の安保理ではイラク侵略を認めるか否かの新決議をめぐって、多数派工作が展開されている。国連を軽視するアメリカとて、それを完全に無視するのではイラク平定がうまく進まないので、それどころか自国民の約半数がそうした単独行動に批判的なので、経済援助の餌で安保理の中間派を抱き込もうと躍起であった。

しかしどうやら、アメリカ（およびイギリス）は多数派工作に失敗したようだ。それで、国連決議1441号を根拠にして、イラクへの単独侵略にとりかかろうとしている。実に奇妙な、というより理不尽な、成り行きではある。アメリカはイラクが国連での「国際民主主義」に反したとして、イラクを攻略する。しかし新決議が拒否されたということは、イラク攻略を国際民主主義が否定したということにほかならない。つまりアメリカのイラク攻略は国連決議に違反するということだ。国連決議を守れと叫んで国連決議をふみにじる、アメリカのやっているのはそういうことなのである。

筋論からいえば、アメリカは国連を脱退すべきである。しかるのちに、国連決議に縛られずにイラク侵略を行うのでなければならない。しかし実際にそうなれば、国際社会の秩序は大崩壊を起こす。アメリカ主導の秩序と国連指導の秩序との正面衝突になってしまう。結局のところ国連は、アメリカという反逆者を抱えながら、よたよたとその場しのぎに明け暮れする外ないわけだ。あまりにも明白なのは、国連に破壊工作を仕掛けたのはアメリカだということである。国連が立派な組織でないのはいうまでもないことだが、それにかわってホワイトハウスやペンタゴンを国際秩序の中心とみなせといっても、日本のような属国も同然の国は別として、それに従う国はまずないといってよいのではないか。

アメリカとフランスの確執

ところで、国連決議1441号でいう「即時、無条件、全面的な（大量破壊兵器にかんする）イラクの武装解除」とはどういうことか。つまり即時、無条件、全面的とは具体的にいかなる状況（およびその推移）をさすのか。それを判断する中心者は「査察団」をおいてほかにない。だが、今のところ、ブリックス氏の率いる査察団は査察の作業を続行している。ということは、1441号への明確な違反はない、と判断しているということだ。

アメリカはイラクを決議違反として非難したいのなら、まず、ブリックス査察団の解散を迫らなければならない。そうした手続きをアメリカはまったくとっていない。それは、アングロサクソンの法体系を特徴づけるデュー・プロセス・オブ・ローつまり「法の適正な手続き」を愚弄する振る舞いだ、といわれて致し方あるまい。

日本およびアメリカのものを除いて、世界のマスコミはこうしたアメリカの無法を論難している。したがって、アメリカにたいして対決姿勢をとるフランスの国連外交に人気が集まるのは当然といってよい。世間ではフランスがそうしているのは「イラクにおける石油利権を守るため」とみなされているが、かならずしもそれだけではあるまい。アメリカの無法を認めてしまうと、EUのことも含めて、国際秩序を逐次形成していくためのロジックがなくなってしまう。そういう懸念が、フランスをはじめとするヨーロッパ諸国にあるに違いない。

限りなく愚かしいのは小泉政権である。「国連決議にもとづいて、アメリカのイラク攻略を応援する」というのがこの政権の方針であった。しかし問われていたのは、ヨーロッパ諸国の協調主義をとるかアメリカの単独主義をとるか、という選択であったのだ。もちろん、そうした二者択一を迫るのは無理であって、国際法が不備な現段階では、というより不完全なのが国際法の宿命なのであってみれば、各国は協調をめざしつつも単独で行動することも覚悟しなければならない。と同時に、単独で振る舞おうとしても協調を度外視するわけにはいかない。そうしたジレンマ（板挟み）から自由になれないのが外交というものである。

しかし小泉政権には、ジレンマのなかにいるという緊張感があまりにも乏しすぎる。アメリカを偉大な存在とみなしつづけてきたので、イラク攻略の新決議が可決されるものと安易に見込んでいたのである。で、福田官房長官や川口外相が「フランスが駄々をこねているのは遺憾きわまりない」といったような、それこそ遺憾な発言を繰り返す始末となったのである。

それよりもさらに遺憾であったのは、日本の外務省（および内閣）が「イラク平定後の経済復興は国際協調で、という提案を国連に出す」と発表したことである。イラク平定の是非や可否が焦眉の課題になっているまさにそのときに、イラク平定を前提にするのみならず、平定後に「みんなでカネを出し合いましょう」と提案するというのは、国際社会の良識を逆撫でするに等しい。平定されるべきは、こうした連中のオツムの錯乱ぶりなのだと思わずにはおれない。

㊻自主防衛への道（2003年5月）

アメリカのイラク侵略が大成功を収めているのをみて、我が国のいわゆる親米保守派は、「イラクの次は北朝鮮だ」などと触れ回っている。そして、北朝鮮には日本も当事者としてかかわらざるをえないのであるから、集団自衛権の行使をさっさと認めた上で、日米のあいだの文字通りの（前方活動における）共同行動で事にあたるべきだ、と彼らは主張している。

しかし、日本に集団自衛の「権利はあるが行動は禁じられている」などという憲法解釈が罷り通ってきたのはなぜなのか。それは、集団自衛の行動についてはアメリカ軍にまかせておけばよい、日本の自衛隊はアメリカ軍を後方で支援していればよい、とみなされてきたからである。つまり自主防衛の気構えも準備もなかったせいで、集団自衛について当事者としてかかわらずにすましてきたわけだ。

一言でいえば、対米依存心が自主防衛を妨げ、自主防衛心の欠如が集団自衛への無責任をもたらしてきたということである。だから、「北朝鮮の脅威があるのでアメリカに依存せざるをえず、それゆえイラク問題でもアメリカを支持するほかはない」という親米保守派の言い分は本末が転倒している。というのも、日本への脅威はつねにあるとみるのが国家の危機管理における常識であるからだ。つまり、他国からの脅威を口実にしてアメリカへの依存を正当化するのなら、アメリカ依存からの脱却は永遠に不可能となるのである。

自主防衛なければ集団自衛なし

考えてもみよう、我が国はなぜ北朝鮮のような小国にたいしてかくも脅えなければならないのか。人口をはじめとするほとんどあらゆる「民度」の指標において北朝鮮は日本の5分の1程度の位置にしかいない。それなのに北朝鮮が特別の脅威と映じるのは、我が国がその5倍の力量を防衛問題にかんして投入してこなかったからである。要するに、日本は自主防衛の体制をしっかりと組んでおらず、それゆえ北朝鮮の核の脅かしにあえば、アメリカの核の傘の下に逃げ込まざるをえない、ということになっているのだ。

北朝鮮が滅びたとしても、そのあとには中国の脅威がやってくる。西方からの脅威を口実にしていたら、日本の自主防衛はその切っ掛けをすらみつけられない。そしてその切っ掛けは、アメリカへの依存心をいかに断ち切るか、と構えることではじめてみつかるのである。このようにいうと、日本だけで自国を防衛しようとするのは非現実的だ、という反論がすぐ返ってくる。そしてこれこそが自主防衛にかんする誤解の最たるものである。自主防衛は単独防衛と同じではない。自主防衛とは、「最悪の場合には」、自分だけで自国を守ってみせようとする気概と努力のことをさす。そして通常の場合は、自国にして国際社会に全面的に敵対しているのでないかぎり、諸外国とのあいだに集団防衛体制を整えることができるのである。

もっというと、自主防衛を覚悟すればこそ、集団防衛にも、自己の能力と責任に応じて、能動的に取り組むことができるのである。アメリカへの依存心が、日本の（自主防衛のみならず）集団防衛への参加を欺瞞的なものに終始させてきた。たとえば、アメリカの後方支援はするが、前方活動には参加できない、というふうにである。

「戦後」の経緯を考えると、対米依存心を拭い去るのは大いなる難事である。しかしその第一歩は、アメリカのなすことについて是々非々の態度で応じること以外にはありえない。いうまでもないことだが、その是非をいかに表現するかは、当人が政治家であるか役人であるか、経営者であるか知識人であるかによって、異ならざるをえないであろう。いずれにしろ明らかなのは、アメリカにたいする「批評」――それは物事の限界を見極めることだ――の精神を手放さないことである。その精神を、昭和20年のあの「衝撃と恐怖」で、忘却してしまったからこそ、日米同盟の内容は日本の対米追随のことにほかならない、という状況が半世紀余も続いてきたのである。

国防費3倍増、核武装そして徴兵制

アメリカがなした今度の攻撃は先制武力攻撃であり、しかもそれが予防的なものであることを立証する証拠は無きに等しかった。したがって、それは覇権拡大のための先制攻撃、つまり通常にいわれている「侵略」そのものである。我が国がその侵略を公認したということは、たとえば北朝鮮の対日侵略の準備を（道徳と法律の両次元で）不当と批判することはできないということになってしまうので、実は大問題のはずなのだ。それが大問題とみなされなかったのは、対米追随が防衛の鉄則になっているからにすぎない。

健全な防衛体制は、その中心に自主防衛があり、その外側に集団防衛があり、さらにその外側に（国連などの世界的な組織による）国際警察がある、という形になっていなければならない。今論じられるべきは、一つに防衛の中軸たる自主防衛を内容あるものにするには具体的に何がなされなければならないかについてであり、もう一つは、集団防衛と国際警察とにかかわって、いかなる国際ルールを設定すべきかということについてである。

前者の自主防衛の実質化にかんしては、国防費を他国なみに（GNPの）5％から10％のあいだにおくことである。当面、それが無理なのだとしても、国防費の2倍増、3倍増の必要については真剣に論じなければならない。というのも、核武装や徴兵制もまた、早かれ晩かれ、論じられなければならないからである。これらの提案をごく当たり前の要請とみなせるかどうか、それが自主防衛が日本の国民に共有の課題となりうるかどうかの試金石である。

後者の国際ルールにかんしては、世界秩序の形成を国連による協調に見出すか、それとも最強覇権国アメリカの世界支配に求めるか、というような二者択一の考え方をとってはならない。なぜなら、国連そのものが国際社会の一つの縮図なのであり、そしてそこでは諸国家の代表たちが互いの国益を実現すべく葛藤を演じているからである。つまり協調の具体的な過程には覇権争いが伴わずにいないということである。

逆に、覇権争いの具体的な過程にも協調が含まれる。アメリカのような絶大な武力を有していたとしても、それを使ってすべての他国を滅ぼすのなら、結局はその覇権国とて無事にはすまない。イラク復興が国連の協調なしには順調に進まないという一事にもうかがわれるように、覇権の具体的な行使には国際的協調が必要になる、それが通常の場合なのである。

協調と覇権の相互作用のなかでいかにバランスを保守するか、その英知は各国民の歴史的良識から出てくる。またその英知を発見し維持し応用せんとするのが保守思想の神髄である。そのことを少しもわきまえていないのが歴史なき国アメリカの病理ということなのだ。ましてやその病理にみずから感染していくのが、我が国では親米保守とよばれている。何をかいわんやである。

反戦のパシフィズム（平和主義）は、平和は戦いとるものだということを知らぬ点で愚かしい。しかし同時に、アメリカに依存しつつアメリカの侵略に拍手している無責任なジンゴイズム（好戦主義）は卑しい限りである。親米保守の卑しさが日増しにつのっていることに無関心であってはならないのではないか。

㊼国連重視と国連軽視は同じ穴の狢（2003年6月）

「国連の機能が停止した」という見方が広まっている。いうまでもなく「アメリカのイラク進攻」をめぐってである。アメリカに同調する者は「サダムの暴挙を国連は阻止できなかった」といい、イラクに同情する者は「アメリカのイラク侵攻を国連は容認してしまった」といっている。いずれにせよ、国連の権威は地に堕ちたとの風評が高まっているわけだ。

その挙げ句に国連無用論までもが飛び出している。国連における「国際協調」で世界秩序が形成される、というのは度し難いきれい事だというのである。つまり、国際社会は諸国家の国益が激しくぶつかり合う場所であり、そこでは各国の覇権要求が秩序形成の主たる要素なのであるから、国連協調などは絵空事にも等しいというのである。事実、アメリカの現政権のまわりでは、国連無用論が高まりゆくばかりであるらしい。

国連中心主義と国連無用論の同工ぶり

たしかに、国連中心主義の弊害はけっして小さくはなかった。その「主義」は、まず、国連を国際社会に超越する中立的な機関とみなす。次に、その中立的機関における決定が国際社会の秩序の在り方を示すととらえる。我が国ではこの国連中心主義が幅を利かせており、与野党ともに、国連の決定を俟つ、ということ以外には国際社会への方針を持たないという調子なのであった。

この国連中心主義は批判されて然るべきものである。なぜといって国連はユナイテド・ネショ ンズつまり「諸国家の連合」にほかならず、それゆえUNには各国の代表たちが集まっているのだからである。つまりそれは国際社会から超越してもいないし、国際社会にたいして中立的でもないのだ。端的にいって、国連は国際社会の一つの反映もしくはある種の縮図であるにすぎない。もっといえば、国連は国際社会の一部であるとしておかなければならない。

したがって国際秩序が国連における単なる協調によってもたらされるとみるのは、大きな間違いである。というのも、その協調の過程それ自体が、各国の代表たちによる国益要求のぶつかり合いをはらまずにはいないからだ。それゆえ、国連中心主義にたいする反発が、とりわけ超大国アメリカにおいて、強まってきたのは当然の成り行きといってよい。

しかし国連無用論もまた国連を国際社会の外部にあるものとみなしているのである。いってみれば、国連中心主義が国連を「神」の立場におき、その神からの指示を仰ごうとしているのにたいし、国連無用論は、神の役割を果たしえないでいる国連は無用だ、といっているのである。国際社会が国益のぶつかり合いだというのはまったく正しい。しかし同時に、国連もまた、国際社会の一部であるからには、国益が衝突する場所なのである。

そうである以上、国連を説得できずに国際社会を納得させられるはずはない、とみるのが道理である。事実、国連無用を唱えるアメリカでさえ、イラク侵略に際して、国連安保理にぎりぎりまでかかずり合わなければならなかったのだ。それのみならず、イラク復興に当たっても、何らかの形で国連の助力をとりつけるほかないという段取りになっているのである。

思えば、今回ほど国連が機能を発揮したことも又とないのであった。これまでは、米ソの冷戦構造のなかで、どちらかが拒否権を発動するので、大国の振る舞いについて国連が関与することは不可能に近かった。冷戦構造が解体したあとでは、拒否権の発動が困難になり、それで、安保理はアメリカのイラク侵略にたいし、様々なチェックをほどこすことができたのである。

一方で協調の過程に覇権の要求がまじり、他方で覇権の過程に協調の手続きが介在してくる。協調か覇権かの二者択一は物事の表面をしかみない者の言い種にすぎない。国連中心主義が間違いであると同時に、国連無用論もまた正しくない、と確認することが是非とも必要なのである。

武断主義と平和主義の類似ぶり

国際連合と国際社会に、たった一つだけ、異なるところがある。それは、国連に爆弾を撃ち込むわけにはいかないが、国際社会では、戦争の場面で、爆弾が飛び交うという点である。だから、国連無視の唯一の特徴は、ミリタリズムつまり武断主義に格別の意義を見出すことだといえる。実際、アメリカで台頭しつつあるネオコン勢力は、わかりやすくいえば、武断主義を振りかざすのを特徴としている。

たしかに、武断をそれ自体として拒否する平和主義は欺瞞のイデオロギーである。平和は戦いとるものだ、という格言に示されているように、武断なしに国際関係が進行したことはまずないといって過言ではないのだ。平和主義の最大の欺瞞、それは、武力衝突が人々に「衝撃と恐怖」を与えるということを喧伝していれば、人々は戦争をしなくなると考えていることだ。ありていにいって、自国が「衝撃と恐怖」を敵国に（相手から与えられるより早く）与えることができると踏めば戦争を開始する、それが歴史の傾きなのだ。ともかく平和主義について確認されるべきは、人間は「衝撃と恐怖」の前で立ちすくむ、ということを最大限に強調している点だ。

だが、武断主義もまた「衝撃と恐怖」に高い価値をおいている。つまり、敵国に「衝撃と恐怖」を与える、さらば相手は自国に屈服するであろうと見込んでいるのである。なるほど「衝撃と恐怖」に恐れ戦いて戦勝国への属国になることを進んで受け入れた戦後日本のような国もある。しかし、世界を広く長く見渡せば、衝撃と恐怖を乗り超えて、戦勝国にレジスタンス（抵抗）を挑んだ国もたくさんあるのである。

いずれにせよ、平和主義も武断主義も武力による「衝撃と恐怖」を最高の高みにおく点で類似しているといえよう。しかし、宗教における信仰や道徳における価値などを精神のエネルギー源として、武力そのものにおいては弱者であるにもかかわらず、巧みな戦略や戦術を、さらには外交や交易を繰り出して、強国を倒したり窮地に追い込んでいった国がある。その最もわかりやすい例は、２０００年間の負け戦にも屈しなかったイスラエル、そして千年間の圧制に抗しつづけたアイルランドということになろうか。

武断主義といえども、結局のところは、人間の為す営みである。そうであるからにはモラール

（志気）が武断の成否にかかわってくる。大義なき戦争や手続きなき戦争は、遅かれ早かれ、その国民の志気を阻喪させる。そうでなければ、ヴェトナムにおけるアメリカの敗戦やアフガニスタンにおけるソ連の撤退は起こりえなかったであろう。戦争における志気のことばかりではない。今の戦争は、国際間の経済取引や文化交流にも大きく依存している。それゆえ、そうした取引や交流が武断主義によって衰弱させられるならば、武断は長期的には効果を挙げられないということになる。

一見したところ相反しているようにみえる国連中心主義と国連無用論が、そして平和主義と武断主義が、根底では、相似した前提の上に組み立てられている。それにもかかわらず両者は激突を演じている。国際秩序を論じる上で肝要なのは、こうした愚かしい観念の葛藤劇を一刻も早く克服することであろう。

㊽金銭も武力も嘘で固められる（2003年7月）

「りそな」銀行が、2兆円の公的資金が投入されるという形で、実質的に国有化される。「りそな」とは「共鳴」のことであるが、この銀行は、融資の不良債権化と保有株式の価格低下のために、ついに政府と共鳴して国有化されるに至ったわけだ。国有化されることそれ自体は、銀行というもののもつ公共的性格からして、やむをえぬ成り行きといってよい。何といっても、経済活動の血液ともいうべき「貨幣」の流れが滞れば諸産業のあちこちの部位が壊死に追い込まれるわけで、国家がラスト・リゾート（最後の拠り所）として御出座する以外に手はないわけである。たとえば、韓国経済が金融パニックから立ち直るに当たっても、銀行国有化の処置がとられたのであった。日本の金融危機も同様の段階にまで達したのだと考えておけば、「りそな」国有化という事態に余計の共鳴をしてあわてふためく必要はないわけである。

自由化が国有化とはこれいかに

しかしそれにしても、金融の「構造改革」がかかる結末になったというのは噴飯物といってよい。なぜといって、小泉首相や竹中金融相が唱えていたのは金融の「自由化」にほかならなかったからだ。金融への政府介入に反対し、金融の市場化を推し進めること、それがいわゆる「ビッグ・バン」をはじめとする金融改革の路線であった。そうした経済のアメリカナイゼーションを完成に近づけるのが小泉内閣が登場したゆえんなのである。ところが自由化の結果として、弱小金融機関が倒産したり、互いに合併したり、大きな金融機関に吸収されたりということになった。つまり自由化は「競争の縮小」をもたらしたのである。その果てに「市場からの撤退」としての国有化が帰結されたというのであるから、いったい、金融の自由化・市場化とは何のことであったのか、と笑わずにはおれない次第だ。

また、「りそな」の場合にみられるように、国有化を政府に決断させた直接の理由が「自己資本比率の低下」であったというのも笑わせる。融資の不良債権化にせよ保有株式価額の下落にせよ、その原因は現下のデフレ経済にある。政府が有効需要創出のための財政出動を怠っているため、需給ギャップが埋まらず、その結果として、りそな銀行の自己資本比率が4％を切るという事態になっているのである。それなのに、竹中金融相が最も強い関心を示すのは、自己資本の算定基準を厳密にすることだという。これをさして私の友人経営者がいうに、「自分の顔が鏡に醜く映っているから鏡を磨こう、といっているようなものだ」。

自己資本比率は、金融機関が考慮すべき一つの要因ではあるが、それは唯一の要因でも最大の要因でもない。考慮すべき最大の問題は、政府、銀行そして実体経済部門が（相互批判を交わしつつも）相互協力して、有効需要を増大させうるような投資プロジェクトと融資プランを立案・

実行することである。それを小泉内閣がサボタージュしてきたのは、「経済のことは市場に任せよ」といういわゆる市場主義に立ったからにほかならない。その挙げ句に、市場主義の自己否定以外の何ものでもない国有化に赴くというのであるから、この為政者たちのオツムはほとんど分裂のきわみにあるといって過言ではない。

おそらく、小泉首相にしても竹中金融相にしても、自分らの政策が首尾一貫しえぬことを察知しているのであろう。しかしそれを認めることは自分らの「改革」の旗を下ろすことと同じだ。それは政治上のメンツにかかわると居直って、彼らは「過ちを改むるに憚ること甚だし」の態度に出ているのではないか。国家にとって最も危険なのはこうした矮小な精神にもとづく頑迷な言動なのだ。そして同じことが、「改革」に大声援を送ったがゆえに小泉内閣を批判する者たちに抵抗派のレッテルを貼りつづけているマスコミ世論についてもいえる。

予防が伝染とはこれいかに

イラクで大量破壊兵器の生産・貯蔵の証拠がみつからぬ。ラムズフェルド国防長官は、あの侵略のさなかに、その証拠は「短期間でみつかる」と断言し、小泉首相も、その侵略に加担しつつ、「いずれみつかる」と言い放った。しかし、今、国連や米議会や英議会で公然たる論争となっているのは「そのイラクへの容疑はＣＩＡが捏造したものだ」という容疑についてである。

日本のマスコミは、とくに親米派のそれにあって、このＣＩＡスキャンダルについてまったく一言もない。他国にあれだけの大破壊を仕掛けておいて、その口実がどうやら虚偽であったと判明しているのに知らぬ顔の半兵衛とか平気の平左というのは、文字通りに言語道断である。ついでにいっておくが、イラク侵略を支援した日本の世論（の6割）とて同罪である。もう一度いう、他国人を大量殺戮し他国の資産を大量破壊しておいて、相手が無実かもしれないといわれているのに、どこ吹く風を決め込むのは人非人の所業なのだ。

予防的な先制武力攻撃は認められて然るべきものだ。つまり、放っておくと自国（およびその同盟国）が攻撃される恐れ大というのなら、当方からそれを予防しなければならぬ。そして予防のために相手を滅ぼすこともありうべしということになる。だが、そうするためには、相手がいわば「保菌者」であることについての確かな証拠を示し、さらにそれが立派な証拠であることを同国に納得させなければならぬ。米のブッシュも英のブレアも、西のアスナールも日のコイズミも、そうした証拠開示の努力をまったく行わなかったのである。

逆にいうと、確かな証拠などは何一つなかったのにアメリカのイラク侵略に賛成した者たちの責任が問われなければならない。ＣＩＡの証拠捏造をいう前に、そもそも、確かであったのは「証拠がある」というアメリカの大統領や国防長官の御託宣のみであった、という事実を想起しなければならない。私は日本国民（の6割）に問いたい、「君たちはそんなにもブッシュ氏や小泉氏を信用できる人間とみなしているのか」と。

ブッシュ氏のなしたのは、戦争の予防を口実にして戦争を世界に伝染させることであった。そしてその伝染作業の片棒を担いだのが小泉氏なのであった。それは看過されてよいことではない。政治家があれこれいかがわしいことに手を染めているのは誰もが知っている。政治家に清潔を求めても、「百年河清を待つ」のみならず、「魚屋で野菜を求む」に等しい愚行である。そうとわかりつつも、見逃してはならぬ政治家の不徳もあるのだ、としなければならない。贋の証拠で何千、何万の人間を殺すというようなことを放置すれば、文明と野蛮の境目がなくなってしまう。大統領が自分の不倫問題で嘘を吐いたのは許せない、とアメリカ人は1年ばかり騒いでいた。そうならば、ＣＩＡの証拠捏造では10年間くらい騒いでもらわなければ折り合いがつかない。

要するに、「言葉」を大事にしない、それが民主政治の常套になってしまっているということだ。言葉を喪う、それは人間が人間性を失うのと同じことだ。金融問題であれ戦争問題であれ、はたまた不倫問題であれ汚職問題であれ、日々生起する民主社会の「出来事」はなべてこの「言葉の無意味化」という現代の病理と深く関係していると思われる。

㊾核武装「論」が必要なゆえん

（2003年8月）

北朝鮮がNPT（核不拡散条約）を脱退して核武装を推進している。そのことが「それ自体として」不当であるかのようにアメリカは論じ立て、我が国の政府やメディアもそれに追随した形で北朝鮮批判を繰り広げている。

しかし、核武装がそれ自体として悪だというのなら、最初に論難さるべきはいわゆる「核クラブ」の各国である。つまり、アメリカ、イギリス、フランス、ロシア、中国、インド、パキスタン、イスラエルであり、さらにはウクライナ、カザフスタン、南アフリカ連邦である。これらの国々はすでに核武装を果たしており、そして「核」という大量破壊兵器を所有することによって国際社会にたいしある種の「威嚇」を与えている。「核クラブ」が非難されずして、新たにそのクラブの成員になろうとする者だけが悪党あつかいされるのはどう考えても不合理である。

NPT脱退・核武装推進は「それ自体として」悪なのか

もちろん、私は核廃絶に反対するような平和主義者ではない。なぜなら、核兵器の「知識」は廃棄不可能なのであるから、仮に核廃絶が現実のものとなったとしたら、その瞬間が世界にとって恐怖のときなのである。つまり、どこぞのならず者がひそかに核兵器を製造したら、彼が世界を恫喝し世界を支配することができるからである。

ともかく核クラブに核兵器の先取り特権があるわけではない。「核」についての後発者がおのれの才覚と費用と努力で核兵器を保有するのを禁じるルールは今の国際社会にありはしない。とりわけ我が国はそのことを深く肝に銘じるべきだ。なぜといって、一つにアメリカの「核の傘」の下から脱するには核武装のことを真剣に考えなければならず、二つに中国や北朝鮮からの「核の脅し」に抗するには、一つの大いなる可能性として、核武装に頼らざるをえないということになるはずだからである。

逆にいうと、他国の新たなる核武装をそれ自体として批判するということは、アメリカの「核」によって保護されつづけるということだ。それもそのはず、「非核三原則」というのは真っ赤な嘘であって、たしかに日本は核兵器を「持たず、作らず」ではあるが、アメリカ軍がそれを「持ち込ん」でいることは公然の秘密である。要するに我が国は、「依存的」な形においてではあるものの、核武装をすましているのだ。

だが、この「依存的核武装」は、防衛全般のみならず、政治、経済そして文化の総体をアメリカナイズさせる根本因となっている。つまり、依存的核武装こそが日本の国家としての自立を妨げているといって過言ではない。どだい、北朝鮮ごときの小国に脅かされるという破目になっているのも、我が国が自主防衛の構えをもって仮想敵国にたいする防衛対策を練り上げてこなかったことの結果ではないのか。そのように考えれば、焦眉の課題は「自主的核武装」の是非についての世論を盛り上げることだとしかいいようがない。しかし、防衛論議が花盛りであるにもかかわらず、核武装はあたかもタブーであるかのようにみなされつづけている。

「核の戦争抑止力」を肯定するには自己犠牲の精神が必要だ

「核」には戦争を「抑止」する力があるといわれている。いわゆるデターレンス・セオリー（抑止理論）は、今も、核武装論における最も有力な仮説なのである。この仮説に従えば、ケネス・ウォルツというアメリカの学者が強力に主張しているように、「モア・イズ・ベター」ということになる。つまり核保有国の数がより多くなるにつれ世界から戦争の危機が遠のくことになる。そういう防衛理論が存在しているにもかかわらず、なぜ我が国では核武装論がタブーも同然とされてきたのであろうか。それには、抑止理論が戦後日本人の感覚にうまくフィットしないという事情がある。

抑止理論の概要は次の如くである。第一に、当方から核で先制攻撃をかけるというようなことは絶対にしない。第二に、もし相手が核先制攻撃を行ったら、それにかならず「懲罰」を加える、つまり「報復」を行う。第三に、双方が以上のように構えたら、核報復による被害は甚大に及ぶと考えられるので、戦争が回避される。

留意すべきは、報復にのみ核を使用するということは、相手の先制攻撃によって多大の犠牲を被るまでは核を使用しないということだ、という一点である。戦後日本人は、そもそも、この

「多大の犠牲」という理論的想定に堪えられないのである。だから、アメリカの巨大な「核の傘」の下に逃げ込めば、多大の犠牲を受けるなどということは想定しなくてすむと考えるのであろう。それはその通りかもしれないが、しかし、その核の傘の下で、日本国民が、「安全と生存」との引き替えで、「独立と自尊」を失うのだとしたら、由々しき事態である。つまり日本列島のニッポン人種は安全に生存しえても、日本国家の日本国民はおのれらの文化を、核の傘で覆うことによって、枯死させるのだ。

「平和は戦い取るものだ」とよくいわれる。そして「戦い」には「危険と死滅」がつきまとう。ということは、「安全と生存」の平和に達するには「危険と死滅」の戦争が、少なくともそれを引き受ける覚悟が、必要だということである。核の戦争抑止における「多大の犠牲を被ってからの報復」という想定には、この「死を覚悟してこその生」というパラドックスが反映されているのである。その意味で、核武装の問題は人間の生への取り組み一般にも通じるところがあるといえよう。そうであればこそ、平和「主義」や生命尊重「主義」に浸り切ってきた戦後日本では、核武装のことが禁忌となるのである。

私は日本の核武装を唱導しているのではない。というのも、スコット・セーガンというアメリカの学者もいっているように、「モア・イズ・ワース」という見方もあるからである。戦争は人間の「組織」が行うものだ。したがって、戦争は単純な合理では進まない。被害の合理的計算にもとづけば戦争が抑止されるのだとしても、組織をめぐる集団の非合理な衝動や決断は核による先制攻撃を促すかもしれないのである。

とはいえ、セーガンのように非民主的な国家は非合理に傾きやすいとみるのは、いかにもアメリカ的な偏見というほかない。民主主義では軍隊にたいする文民統制が行われるとはいうものの、文民が軍人より合理的である保証はどこにもない。独裁者の恣意が民衆の熱狂より非合理であるとはかぎらないのである。

核武装に必要なのは良識ある国民であろう。その良識が核の戦争抑止力を確かなものにするのだ。対米依存心をけっして拭おうとしない戦後日本人、弱小国北朝鮮の恫喝に脅えることしかできない戦後日本人、それは良識ある国民の姿ではない。逆にいうと、核武装について議論することの意義は、日本人が良識ある国民になる必要を浮き彫りにしてくれる点にあるということだ。さらに逆にいうと、この良識から遠ざかっていたために、今の日本人は、この期に及んでも、「核」に眼をつむっているのだと思われる。しかし、見ざる言わざる聞かざるの三原則が国際社会に通用するわけはないのは、非核三原則の場合と同様である。

㊿国内外の危機のなかでの政局の動乱（2003年9月）

この秋、日本の政局は何年ぶりかで激動する。小泉政権が生まれてから2年半、圧倒的な支持が小泉氏に寄せられることにより、内政と外交の両面で重大な政策決定が継起したにもかかわらず、政局はごく安定していた。もう少し正確にいうと、政治の事情に通じた者たちにあっては、その過半が現政権の経済政策や防衛政策にたいし疑念を深めてきた。しかし世論の小泉支持が障壁となって、その疑念が表立って表明されることは少なかったのである。

しかし次の自民党総裁選とそれに引き続く解散・総選挙にあっては、政局の安定は覚束ない。というのも、デフレ経済は今日もなお出口なしの状態に陥ったままであるし、「北朝鮮」問題も予断を許さない状況にあるからだ。

経済と防衛という国家の根幹にかかわる問題について、現政権は何ら独自の政策を持ち合わせておらず、事実、日本社会は将来への見通しを何一つ持つことができないでいる。したがって政局の激動は必至、とみるのが妥当であろう。

デフレの放置は言語道断

デフレは単なる「価格低下」ではない。それは価格変化率がマイナスということであるから、価格低下が今後とも継続すると予想される、という市場状態をさしている。わかりやすくいうと、それは「経済活動をなすことそれ自体で損失が発生しがちである」という悲惨な状態を意味する。つまり、経済の息の根を止める可能性大なり、それがデフレーションなのだ。

忘れてならないのは、この構造改革の過程にあって、デフレへの警戒が弱かったということについてなのである。私のいいたいのは、「価格破壊」が、たとえ1、2年間のことであったとはいえ、さも素晴らしいことのように思われていたという点である。デフレとは絶えざる価格破壊のことにほかならない。それを推奨するのが良き経済政策とみなされていたのであるから、「構造改革」などは当初から妄言にまみれていたとしかいいようがない。

市場への有効需要が潜在的な生産能力を大きく下回るときに、デフレが生じる。それゆえ、有効需要をいかに増大させるかが焦眉の政策課題となるはずである。それなのに、小泉首相は「郵政と道路公団の民営化」のみをふりかざして自民党総裁選に臨んでいるのだ。有効需要の増大に首相が意を用いている気配はみじんもないのである。

というより、民営化を打ち出の小槌のように振り上げているところをみれば、「市場活力」が有効需要を増やしてくれる、と見込んでいるということなのであろう。しかし話は逆なのであって、有効需要の増大が見込まれるときにはじめて市場活力が湧く、というのが真実なのである。

このことに今なお気づいていないのであるから、小泉・竹中の経済政策は日本経済を衰弱させている元凶だといわざるをえない。

景気対策として（公債発行を資金源として）財政出動せよ、といいたいのではない。公債費による財政圧迫のことを思うと、そのようなケインズ的景気政策に頼るわけにはいかなくなっているのである。必要なのは、本欄で何度か指摘したように「官民協調」による「公共企画」の立案と実行である。いわゆるＰＰＰつまりPublic-Private-Partnership（官民提携）によるProgram（企画）のためのPlace（場所）を総称して「５Ｐ」とよべば、デフレ克服に是が非でも必要なのは「５Ｐ」への邁進といわなければならない。

このことに一顧だにしないままに行われる経済政策論争は隔靴掻痒の見本のようなものである。この場合、経済政策を狂わせる厚い「靴」とは、「市場の競争」と「政府の介入」のあいだで二者択一を迫る両断の経済思想のことだ。競争と介入の両立を図る、それこそが「５Ｐ」の、つまり「官民協調の企画場所」の、狙いなのである。このことが確認されないかぎり、経済政策をめぐる政局の動揺は静まることがないであろう。

「北朝鮮」には無効の対米依存外交

広島での平和祈念祭で、小泉首相は「非核三原則を堅持する」と演説した。民主党の岡田克也幹事長が批判したように、この演説の凡庸さはまさに度外れである。当面の難問として浮上している北朝鮮の核武装のことにどう対処するのか。その答えが自国の非核三原則だというのでは、あまりに上っ調子のきれい事だといわれて致し方あるまい。しかも、アメリカが日本に核兵器を「持ち込んでいる」のは公然の秘密なのであるから、日本にあるのは核兵器を「持たず、作らず」の二原則にすぎないのである。

アメリカは、原爆の小型化を図ることによって、核兵器に単に「戦争抑止力」を期待するだけでなく、「武力先制攻撃力」を持たせようとしている。そのような核政策を日本は支持するのか否か、せめて一言なかりせば、「核」の現状について無知をさらすも同然である。アメリカには、自分の同盟国に小型原爆を購入させる、という計画もあるといわれている。そうならば、「日本への攻撃を自国への攻撃とみなしてくれる唯一の国、アメリカ」といってのけるのが小泉首相なのであるから、小型原爆を購入することになるのかもしれない。少なくともそのことについて一考ぐらいあって然るべきである。

また小泉首相は「NPTの堅持」についても演説した。しかし、現存の「核クラブ」がいったいいかなる理由で核兵器を占有し、そうすることによって核兵器の非保有国に陰に陽に恫喝をかけることができるのかについて、首相は一言もなかった。要するに、アメリカの「核」に完全依存するということなのであろうが、その場合には、いったいどんな根拠で、アメリカの核政策が完璧であるとみなすことができるのか、説明してみせなければならない。

「核」のNPT（不拡散条約）からの脱退が許されないのは、その国に他国を「侵略」する意図と準備がある、とみなされる場合ではないのか。逆にいうと、今後とも侵略に着手する恐れがないと国際社会で認定される国には核クラブに入る資格がある、ということである。広くいって、侵略禁止を不動の国際法としなければならないのである。そうである以上、アメリカのイラク侵略に加担するのはもってのほかといわざるをえない。

北朝鮮による日本人の拉致問題もその角度から論じられなければならない。来るべき「6カ国協議」は北朝鮮の核武装のことが主題であり、拉致問題は二の次にされようとしている。日本はそれも議題にしてくれと要求するであろうが、たぶん無視されるであろう。そんな顛末になるのは、核武装問題と拉致問題を分離するからである。つまり前者が軍事問題であるのにたいし後者は人道問題である、とみなすからだ。

拉致問題は北朝鮮の「侵略性」を示す重大な証拠である。そして、侵略的な国家の核武装は許されないとするならば、北朝鮮の核武装と拉致とが関係づけられ、6カ国協議でも拉致問題を討議するのやむなきに至る。だが現政権にはそのような関係づけを行う思想の力量がない。あれは軍事これは人道、の二分法でいくものだから、今のキナクサイ国際情勢では人道はあと回しにされる破目となる。

対内的にはデフレの危機、対外的には北朝鮮の危機といった臨界線上で、日本は目標も立脚点も定かならぬままに漂流している。その漂流の一つの現れとして、次の総選挙では自民惨敗という政局の動乱が生じるのであろう。

⑤51 世論の迷走、政策の迷妄——自民総裁選をめぐって

（2003年10月）

9月8日の段階で、自民党の総裁選は小泉氏の再選ということになる、と予想されている。経済のデフレ化をもたらした張本人、外交を頓挫させた元凶、そういう人物がふたたび一国の最高指導者になることに世論は何の抵抗も示していない。今に始まったことではないとはいえ、世論とはげに訝しきものといわざるをえない。いや、小泉首相をこれまで支えてきたのは世論にほかならぬ。だから、世論とは実に反省の足りない代物のこと、というべきかもしれない。

小泉再選の怪

しかし対立候補の亀井氏が当選への満々たる自信を表明している。それは単なる虚勢なのか。否である。それは、ある意味で、自民党の中央および地方のホンネをよく反映しているのだ。つまり自民党員は、国会の代議士であれ地方議会の議員であれ、はたまた一般党員であれ、ホンネにおいては小泉首相の失政にたいして強く批判的なのである。それを踏まえて亀井氏は、「ホンネで投票してくれれば」自分が総裁になるはずだ、と構えているわけだ。

そのホンネが投票に反映されそうにないのはなぜか。世論が小泉氏に今なお高い支持率を与えているからにほかならない。この支持率に逆らって小泉氏を首相の座から引きずり降ろせば、次の総選挙において自民党は惨敗するのではないか、という心配から小泉再選の動きが出てくるのである。

ビジネス方面で結構の立場にいる人々までもが「小泉さんに代わる人物がいませんなあ」とあっさり評論する。そういうふうにしたり顔で宣う御仁に私はたくさん会ってきた。そのつど私は次のように返答してきた、「そんなことはありませんよ、小泉さん如きに代わりうる人材はこの世にわんさかいるに違いありません」。小泉氏に代わりうる能力の持ち主が頭角を現せないでいるのは世論が小泉氏を支持しているからである。そして世論が小泉氏を支持しているのは、それに代わる人材が頭角を現していないからである。

これは嗤いを差し向けるほかない顚末である。自縄自縛とはこのことをいうのではないか。人気主義している国では、最高指導者に反対できないのは世論がその指導者を賛美しているからだ、そしてその賛美が繰り返されるのはその指導者に反対する人物がいないからだ、という有り様になる。まさにその見本として日本の指導者が人気主義の論理に従って選出されようとしている。

なぜそんなことになってしまったのか。「構造改革」という錦の御旗を小泉氏が担いでおり、そしてその錦織りが、実は、ボロ布に上から絵の具を塗ったという類の、贋物であることに誰も気づいていないからである。小泉氏に対立する亀井、藤井、高村の3氏も「構造改革には賛成だが、景気回復を優先させるべきだ」というような言い方をする。なぜ「構造改革にもいろいろある、小泉氏のそれは間違っており、正しい構造改革はかくかくしかじか」と胸張っていえないのか。察するに、小泉氏の構造改革を彩っているアメリカ流儀に真っ向から反対する度胸や知識が欠けているからではないのか。

公共的プロジェクトを中核に据えて日本国家を再建する、それなくしては日本経済の再興はありえない、という基本線が見失われてしまったのだ。経済のことにとどまらない。日本の政治、社会そして文化のすべてが日本の国家（国民の生活とその経済のための政府＝家制）の在り方と深く関係している。半世紀以上にわたってアメリカの属国に甘んじているうち、国家を失ってしまった、それが現在における日本の苦境の根本原因である。そうなのだということを世論に知らせる努力を数少ない有能の士たちが怠ってきた。また世論のほうもそうした有能の士の意見に胸襟を開こうとはしなかった。それが小泉再選の茶番劇を結果することになっている。

小泉外交の愚

「6カ国協議」は共同声明の一片も出せぬまま終了した。北朝鮮とアメリカはそれぞれ既定の路線を走ろうとし、日韓の両国は協議を継続していればいずれ新しい展開の切っ掛けもみつかるであろうと自己慰安にふけり、そして中露両国は高見の見物を決めこんでいる。

6カ国協議がまとまらなかった最大の原因は「拉致問題」と「核武装問題」を分離してしまった点にある。北朝鮮にカネを出す中心者となる（はずの）日本にとって避けて通ることのできない拉致問題が、日朝の2国間協議に回される、そんなことでは6カ国のあいだで共通の議論が進むわけがない。また核武装問題にしても、米露中北の4国はすでに核武装しているのだ。それをやっていない日韓2国が、ともに被拉致国として、核武装そのものについて何らの定見も示しえなかったのである。核武装論議が深まらなかったのは当然の成り行きといえる。

核武装は、「ある条件が満たされれば」、どんな風にもそれをなす権利がある。その「条件」とは、当該の国家に侵略（つまり覇権的な武力先制攻撃）の姿勢がみられない、ということである。いいかえれば、侵略を受けたことへの「報復の懲罰」としてのみ核兵器を用いる、ということならば、国際社会は核武装を容認せざるをえないということだ。この一事を日本の外交陣が少しも理解していないため、議論の道筋が失われてしまったのである。

「拉致」は北朝鮮の侵略性を示す有力な証拠である。それゆえ、「侵略的な国家の核武装は認められない」という基準からして、拉致問題と核武装問題が関係づけられることになる。日本の小泉首相、川口外相そして外務省は、愚かしきことこの上なくも、拉致は人道問題、核武装は軍事問題、というふうに両者を分離してしまった。そして小泉首相は、「拉致の人道問題にも関心をもってもらいたい」と（北朝鮮と外交関係のある）東欧諸国を回っていたのであるから、その外交センスの欠如は眼を覆いたくなる程度に達しているというほかない。

思えば、この両問題の分離は昨秋の「平壌宣言」のときにすでに行われていたのであった。つまり、被拉致の5家族が一時帰国するということや、一部被拉致者について通り一遍の死亡通告がなされるということで、拉致問題は解決ずみということに、一旦は、なってしまった。拉致は侵略の有力証拠なり、侵略的な国家の核武装は阻止せざるべからず、という簡明なロジックを日本外交は押さえなかったのである。そのロジックが6カ国協議のどまんなかに放り込まれたら、拉致は日朝の2国間協議で、などという馬鹿げた成り行きもまた阻止されたであろう。

為政者だけを批判するのは穏当を欠いているかもしれない。平壌宣言については、外交の専門家と称する知識人がそれを「世紀の外交」と褒めたのであった。そういう連中が、相も変わらず、メディアに罷り出てきて、北朝鮮を詰ったりしている。自分の言論が間違っていたら謝罪し訂正する、という最低限のルールすら守られていない。要するに、言論そのものが、世論にその場かぎりの刺激を与えればそれでよしというふうに、といった娯楽の一種になりはてたのだ。

このように小泉政権は国政・外交のみごとな失政例をいくつも提供してくれた。その政権が再選されることに異を唱える者がかくも少ないというのは、日本が国家としての体をなさなくなっているこことの証拠とみるべきではないのか。

㊾ポピュリズムの狂舞（2003年11月）

新しい民主党は、民主党と自由党が合体したものなのであるから、民自党とよばれて当然の存在である。それゆえ、2年余り続いた小泉改革への評価を迫る次の総選挙は、自民党と民自党の戦いということで、いずれが勝とうとも政策に大きな変更があろうとは思われない。

自民と民自、いずれにも「歴史」がない

はっきりさせられるべきは「自由と民主」には、つまりリベラル・デモクラシー（ＬＤ）には、保守的なものと革新的なものとがあるという点だ。保守的ＬＤとは、自由のための秩序と民主のための常識を国民の歴史感覚に求め、そして保守すべきはその「歴史」だと構えることである。他方、革新的ＬＤとは、自由と民主のそれぞれを、多数派の人民の「欲望」に基礎づけようという態度のことをさす。自民党にせよ民自党（民主党）にせよ、あきらかに後者に属する。そうであればこそ、両政党とも、日本の歴史を引きずっていた旧体制にこだわるのを守旧派もしくは抵抗派と断罪し、そしてその体制の歴史的経緯に「構造改革」を起こそうと励んできたのである。

革新的LD、それがいわゆるレフティズム（左翼主義）の基本型なのだということを確認しておかなければならない。ソーシャル・デモクラシ（SD）つまり「社会と民主」を重視することをのみ左翼と呼ぶのは間違いである。人民の欲望を自由に発揮させるためには「社会」の保障が必要だとみるのがSDであり、それはLDの（社会的な考慮による）修正版にすぎない。結局、自民党や民主党のLDと日本社民党や日本共産党のSDとを合わせて、我が国には左翼の政党しか存在しないのだと見極めるほかないのである。

守旧派・抵抗派とて、歴史保守の立場を鮮明にしていたわけではない。いわば無自覚の慣習にもとづいて、行き当たりばったりに、左翼に反対してきたにとどまるのである。したがって、リフォーム・トゥ・コンサーヴつまり「歴史を〝保守するために〟現状を〝改革せよ〟」という保守思想の神髄は、この間の構造改革において、いささかも生かされないという顛末になってしまった。こうした政治思想の歪みがついに来るところまできてしまった、それが今回の総選挙ということなのである。

いいかえると、今の構造改革にたいする反省が少しも行われていないということだ。あるべき構造改革は、「戦後」のアメリカの主導による反歴史的な（革新的LDという意味での）左翼的な路線に見切りをつけ、日本の歴史への復帰をめざす保守的LDの方向に日本政治の舵取りをすることでなければならなかった。ところが実際に行われたのは、戦後的・アメリカ的な左翼の傾きを徹底化させるような構造改革、ということになってしまったのである。

規制緩和、「小さな政府」、民営化、市場化などの一切が歴史との断絶を完遂せよ、と主張しているに等しい。そんな構造改革が進むにつれ、日本社会は「日本として」は崩れていかざるをえない。その崩壊を構造改革の不徹底のせいにする、それが現在の世論なのである。だからその世論は小泉改革なるものを支持するほかない。小泉支持率が低まらなければ有能な政治家が頭角を現すこともできず、それが世論の小泉支持をさらに長引かせる因となる。そんな状況でなされる総選挙であるから、安倍晋三と菅直人のいずれに「人気」が集まるか、それが政権の維持か交代かの帰趨を決するのは当然の成り行きである。つまり、抵抗派の大敗北という形での自民党の崩壊などが問題なのではない。真の問題は、戦後の左翼政治が完全な袋小路に入ったということなのである。

マニフェストはプラットフォーム（公約）と異なるところがない

マニフェストなる政治用語がにわかに政界を騒がせている。ところがマニフェストが既存のプラットフォームつまり公約とどこが異なるのか、いささかも議論が行われていないのである。ましてや、マニフェストなる代物が各家庭に配られているというのであるから、せめてその品物についての品質説明くらいはなければならないのではないか。

マニフェストが通常の公約と違うのは、公約の「数値と期限」をできるだけ明らかにする点にある、というよりその点のほかに相違点があろうはずもないのである。マニフェストという言葉の本来の意味は「明らかにすること、公然化すること、顕在化させること」にほかならない。そうならばマニフェストが何を顕在化させるのかが明らかにされなければならない。そんなこともしないままにマニフェスト政治などをかざすのは詐欺師の所業に当たる。

公約について「大まかな」数値と期限を示すのは政治的責任感の表明といえよう。しかし、政策はつねに未来の「不確実性」にたいする意志決定である。しかもその不確実性には、確率計算の可能なリスク（危険）のみならず、そんな計算の不可能なクライシス（危機）が多々含まれている。したがって、決定が見込み通りの数値と期限で実現される、という意味での「均衡」などは政策においては望むべくもないのである。必要なのは「予想と現実」の食い違いがなぜ生じたのかについて当事者が説明することであって、いちいち結果責任をとることではない。政策遂行に最大限に努力が払われたことが示されるなら、それ以上の責任追及はしないのが健全な政治というものである。

逆にいうと、政治家たちは無自覚なのであろうが、未来の不確実性はすべて的確に予測できるはずだ、とするアメリカ流の合理主義が日本の政治にも広まっているということだ。この合理主義的な人間観が市場競争万能主義をもたらしているのである。そのアメリカ流によって無視されるのは次のような健全な国家観である。つまり、政府が未来を多少とも確実なものにするために社会のインフラ（下部）とスープラ（上部）の構造を整備し、そうすることによってはじめて、国民を危機に脅えなくてよい状態におくということである。いいかえれば国民が合理的に活動できるのは、政府が社会を基礎づけ社会に枠組を与え社会を方向づけるという作業を果したあとの話だということである。

マニフェスト（顕在化）できないものをマニフェストさせるような政治、それは社会を混乱へと導く。そのことを承知の上で政治家たちは、集票のために、できるだけマニフェストな政策綱領を掲げようとする。つまりポピュリズム（人気主義）が政策の根幹を腐らせるという事態である。ポピュリズムは、元来、人民の素朴な生活感情を重んじる政治の方式のことであった。だからそれには「人民主義」の訳語が宛てがわれていたのである。しかし今の人民は、おのれらの欲望を最高の価値としてふりかざしているうち、ついに、不確実なことを確実といつわる政策を、単に刺激的で面白そうだとの理由だけで、好むようになった。

そんな政治は、しょせん、アメリカのカリフォルニアに出現しつつある「シュワちゃん政治」にしかならないであろう。「増税なしの財政改革」というような至難事をいともやすやすとマニフェストする政治、それをシュワちゃん流とよべば、小泉改革はまさにシュワちゃん流であった。菅・小沢改革とてシュワちゃんの轍にはまっていることは疑いようがない。

㊼ 左翼主義の発露、マニフェスト政治（2003年12月）

衆議院選挙は自民党圧勝と予想されていたが、11月10日に判明した結果は、予想に反して民主党の大躍進となった。いずれにせよ、これで第二次小泉内閣の発足となるわけだが、この選挙がマニフェスト選挙と銘打たれていたことの帰結は存外に重要である。つまり「私の方針が党の公約となる」とすでに小泉氏が言明しているように、選挙で多数派の支持を受けたマニフェスト（いわゆる政権公約）が、政党のみならず国会においても、大した議論を経ることなしに、強引に押し通されていくと思われる。というのも、そのように事を進めるのがまさにマニフェストなるものの趣旨だからだ。

実際のマニフェスト選挙は、テレビで学芸会もどきに各党の政見公表が行われるということにすぎなかった。しかしその帰結たるや、政治の人気主義的傾向を背景にしつつ、いわゆる「民主集中制」という疑似独裁が政党政治のさまざまな次元と局面に現れてくるということなのだ。それもそのはず、マニフェストこそは近代「主義」的な、つまり左翼的な、政治の真骨頂をなすものにほかならないのである。

社会設計主義の横行

マニフェストの原義は、マヌス（手）で悪意をこめてインフェストされる（叩かれる）ことである、だからマルクスとエンゲルスは、「コムニスト・マニフェスト」（「共産主義宣言」）において、「プロレタリアート（無産階級）は、悪意をこめて、ブルジョアジー（有産階級）を打て」と叫んだのであった。

今のマニフェストは何を打とうとしているのか。それは、旧式の選挙公約が「きれい事」に堕していたということにたいしてである。そしてきれい事であるのを脱するため、政策が実現される「数値と期限と工程」をマニフェスト（あからさまに）するというのである。しかし人間社会にたいする政策的な企画は、はたしてエンジニアリング・プロセス（工程）のように、工学的に進むものであろうか。そういうことが可能だとしたら、それは政策的な処方箋が具体的（つまり短期的で個別的）な問題に限定されている場合である。

たとえば、某銀行の不良債権処理については「数値・期限・工程」を指定することもできるであろう。また某高速道路の料金についても「数値・期限・工程」を明示することが可能であろう。しかし日本の政治に欠けていたのはそうした具体的な諸問題についての個々の処方箋なのであろうか。そうではない。国家の輪郭が定かでないため、憲法のことも教育のことも、軍隊のことも都市のことも、食糧のことも田園のことも、家族のことも環境のことも、なおざりにされてきた。国家像の不在、それが政策の立案（立法）と実行（行政）をきわめてピースミール（断片的）なものにしてきたのである。

国家のアイディア（理念）、ヴィジョン（展望）そしてグランドデザイン（大計）は工学的に設計できるものではない、換言すればその「数値・期限・工程」をマニフェストできるような類のものではない。それを可能とみなすのが設計主義であり、その失敗は社会主義国家の崩壊や福祉主義国家の衰退によってすでに明らかである。保守政治は、設計主義に反対して、大事なのは「明示ではなく協議である」、そして「経営ではなく統治である」と考える。それが、たとえば保守思想家の最後の大立者であるオークショットの考えたことであった。

「協議」とは、多数者と少数者とか、それぞれ自分らがフォリブル（可謬的、つまり誤りを犯しうること）であると認めた上で、意見を交わすことだ。そして「統治」とは、歴史的なルールを、デュー・プロセス・オヴ・ロー（法の適正手続き）を重んじるという形で、踏まえることである。

今、マニフェスト政治によって最終的に破壊されようとしているのは、こうした保守政治の流儀なのである。社会全体を設計できるとするのが左翼のやり方である。我が国では、自称保守の政治家および知識人がこぞって左翼流の政治手法をふりかざしているのだ。なぜこんな珍妙な事態になったのか。その根本の理由は、彼らの依拠するアメリカ流儀が、実は、技術的合理を奉じるという意味で左翼に属するものだからである。

繰り返し確認しておく。フランス革命期に発生したレフト（左翼）とは「合理を自由に表現すること」をさしていたのだ。

社会契約論の跋扈

マニフェストは「政党と選挙民のあいだの契約文書」だといわれる。だから、そのマニフェスト（政権公約）が履行されなかったら、それは社会契約に違反したということなので、政権交代が起こらなければならないともいわれる。ここに、社会を（歴史の土台の上にではなく）人々の自由意思にもとづく契約の上に建立しようという企てが赤裸に表明されたわけだ。少しでも知見のある者なら、「歴史の慣習」か「理性の契約」か、それが保守と革新を分けるのだと知っている。ところが我が国では、一億総保守化といわれる御時世のただなかで、革新思想の牙城たる社会契約論がこぞって持ち上げられている。奇観の最たるものといわずにはおれない。

しかも社会契約論を政策の立案・実行にまで直接的に生かそうというのだから、それはいわゆる直接民主制の肯定である、間接民主制（議会制民主主義）の否定である。政策の「数値・期限・工程」が社会契約で決まるのなら、議会（およびそこにおける議論）が不要になるのは論を俟たない。したがって代議士もまた不要のはずなのだ。代議士候補がマニフェストをかざして奮戦というのは噴飯物としかいいようがない。

たしかに民主「主義」には、民衆の政治的能力を礼讃する姿勢があり、しかもその能力に「主権」――つまり「崇高な権力」――という形容までが付されている。そんなに立派な能力をお持ちなら、政策の「数値・期限・工程」も民衆に選んでもらおう、という直接民主制への傾きが生じるのもやむをえないところだ。事実、こうした傾きのせいで、日本の各地に「住民投票条例」

が生まれつつある。つまり住民投票で地方の政策が大きく左右される——現実には決定的に歪められる——という事態が生じつつあるのである。

民衆には、平均でいって、政策について的確な判断を下す能力がない。このことを確認しないかぎり議会はますます空洞化していくことであろう。しかし、民衆の能力について否定的なことをいうのは、選挙に落選する早道である。だからそれをいうのは政治家にとってタブーである。それを最もいいやすいのは知識人である。しかし今時の知識人は、政治家も顔負けのていで、人気取りに忙しく、「民衆は政策に口を出すな」などとはおくびにも出さない。要するに、一切の表現が「世論」に迎合するようになってしまったのだ。

かかる状況ではマニフェスト政治をくい止めることは不可能である。しかしマニフェスト政治はかならずや国家を破壊に至らせる。その破壊が深刻に及べば、さしもの「主権」を僭称する人々も、自分らには政策の「数値・期限・工程」について云々する資格はなかったのだ、と陰に陽に認めるのではないか。そのときのために、心ある者は、マニフェスト政治が暴挙であることを指摘しつづけなければならない。マニフェストされなければならない、つまり敵意をこめて撃たれなければならないのだ。

54 自衛隊派遣は日本の自立自尊に害あり

（2004年1月）

12月8日、「真珠湾」の記念日に、自衛隊派遣の基本計画が閣議決定された。2名の日本人外交官がイラクで殺害されたという事件を受けて、小泉首相は「犠牲を乗り越えて、やるべきことをやる」との一語だけを繰り返している。その犠牲が何を意味するか、やるべきことははたして何なのか、それらについていささかも言及することなく、いわば感情論のきわみにおいて、自衛隊は軽武装のままイラクへと送り出されるわけである。

いや、その送り出しはさして順調ではなく、年内にまず航空自衛隊が現地に赴き、陸上自衛隊は年が明けてから、といった段取りになりそうだ。航空ならば比較的に安全であろうとの算段からそうするわけであるが、相手はミサイルを有している。また、相手にとっては、ミサイル攻撃のほうが容易かつ安全ときているのであるから、航空自衛隊を先遣させるという企てに大した目算があるわけではないのである。

そうした戦術的なことよりも、この自衛隊派遣が、正しくは派兵が、「義」に叶った振る舞いであるかどうかが問題である。つまり、イラクで生じている事態が「アメリカの侵略」に端を発したのなら、日本の対米協力には侵略加担の汚名が被せられるほかない。こうした戦略的な価値判断について何の検討もないまま、「やるべきことをやる」というのは完全な詐術である。おそらく、少々の年月が経てば、我が国にとって戦後初の「出兵」は不名誉に満ちたものであった、という評価が下されることになるのであろう。そのことを予期しつつ、自衛隊出兵の是非について、その出兵を阻止することは叶わぬとしても、論じておく必要があるのである。

テロなのかレジスタンスなのか

アメリカおよびそれに加担する国々は自分らの「義」を「国際テロとの戦い」に見出だそうとしている。しかしこれは詭弁である。自爆テロをはじめとする反米戦線は自分らの振る舞いを、侵略にたいする抵抗、つまり「レジスタンス」とよんでいて、それは正当な呼称だといわざるをえない。レジスタンスとは、「非正規軍つまりゲリラ隊を中心にした自衛のための戦闘」のことで、イラクがわが現に行っているのはそうした類の自衛戦争なのである。

たしかに、非戦闘員を巻き添えにすることに躊躇しないという点では、その自衛行為にテロのにおいがつきまといはする。だが、非戦闘員の巻き添えならば、アメリカがわの軍事行動にも顕著にみられるところである。さらにそうした戦術をとる以外に抵抗の為様がないのであってみれば、反米ゲリラの行っているのはレジスタンスであってテロではないとみるべきであろう。いずれにせよ、「国際テロとの戦い」は大義名分になりはしない。アメリカが（予防的ならざる）覇権的な武力先制攻撃を、ということはまぎれもなき侵略を、イラクに加えたのである。

侵略を禁止する、それが現代における国際ルールの基幹部分ではないのか。アメリカもそれを承知していればこそ、イラク侵攻は国際テロへの自衛行為なのだと言い逃れしようとしている。しかし、イラクでゲリラ戦が始まったのはアメリカの侵略に抵抗してのことであるから、そのゲリラ隊は祖国防衛・アラブ防衛の大義を手にしたのだというほかない。

いまから105年前、イギリスが南アの金鉱を簒奪すべくいわゆるボーア戦争を始めたとき、保守思想家のチェスタトンはそれに真っ向から反対した。「我がイギリスの輝ける伝統には、他国を侵略してその物品を奪いとるのをいさぎよしとしない、という項目が含まれている」、とチェスタトンは保守の立場から抗議したのである。国益のためには対米協力やむなし、と自称保守派の連中はいいつのっている。しかし国益が大事なのは守るに値する国家があってのことである。したがって、義のない戦争には加担しない、というのは国家にとって死活の重みをもったテーマなのだ。

国益はそもそもが長期的な視野において論じられるべき事柄である。長期未来において、日本は侵略に加担する卑しい国だ、と国際社会からみなされることになれば、日本の国益は大きく阻害される。しかも侵略禁止が国際ルールの根本なのである。その国際ルールを踏みにじったなら、長期未来において日本がいかなる国際的地位にあるかも見通せなくなってしまう。

今からでも遅くはない、アメリカ侵略軍に味方するのは間違いである、という言論を心ある者は展開しなければならぬ。国家の「安全と生存」は、その国家に「自立と自尊」の構えがあってはじめて意義あることとなる。侵略加担は日本の自立と自尊を傷つけること甚だしいものがあると確認しつづけなければならないのだ。

名誉の犠牲なのか不名誉な従死なのか

自衛隊の指揮官のうち、一人でも二人でもいいから、「不名誉な戦いで部下を死なせたくない」と抗議して職を辞する者が出てくれればと私は切望する。「上官の命令に服するのが軍隊である」というのは必ずしも正しくない。その命令が国家の「自立と自尊」を大きく傷つける種類のものであれば、上官の命令に何らかの形で抗議するのも軍人の務めなのではないか。

もちろんそうした抗議は指揮官に要請されるものであって、一般の隊員は命令にひたすら服すと構えるべきであろう。私のいいたいのは、「上官の命令」が絶対であるのは、その国家がおおよそ健康であり、それゆえその国軍もおおよそ健康である、と見込まれる場合にかぎられるということだ。自衛隊は正確には憲法違反の存在であり、国軍とよぶにはあまりにも半端な法律的立場をしか与えられていない。そうならば、自衛隊の指揮官は文民の最高司令官——つまり小泉首相——からの命令をつねに疑惑の眼でみなければならない。今の場合でいうと、小泉氏からの命令はアメリカへの恥知らずの迎合である可能性が実に高いということである。

ひょっとして今の自衛隊は自分を米軍の配下にある存在とみなしているのかもしれない。命令はアメリカからやってくる。それが自衛隊の軍律になってしまっているのかもしれない。もしそうだとすれば、由々しき事態であるどころか、トンデモナイ軍隊だといわなければならない。もちろん、そういう方向に自衛隊を追い込んだのは、日本人自身である。憲法第9条の「戦力不保持と交戦権否決」という規定を半世紀にわたって放置してきたことの報いではある。

いずれにせよ、やがて自衛隊から犠牲者が出る、と見通しておかなければならない。一般の自衛隊員は命令に服しただけのことなのであるから、それ自体としては、名誉ある犠牲とみなしてやらなくてはならない。しかしそれは侵略加担という不名誉な戦略のなかで生じた犠牲である。したがって、心ある国民は、現政府を批判しつつ犠牲者の一般隊員に哀悼の意を捧げる、という両面的な構えも持たなくてはならない。

反(侵略)戦争デモに参加した帰りに靖国神社に詣でる、というトリッキーな振る舞いが必要になるのはなぜか。それは、我が国家が「自立と自尊」に足る一人前の国家にまだなりえていないことの帰結にほかならないのである。

２００２年

1月　雪印牛肉偽装事件（８月６日には日本ハムでも発覚）。
1月　ブッシュ米大統領が「悪の枢軸」発言。
4月　完全学校週５日制のゆとり教育がスタート。
5月　北朝鮮亡命者が中国・瀋陽の日本国総領事館へ駆け込む事件が発生。
5月　東ティモールが主権国家として独立。21 世紀初の独立国誕生。
5月　ＦＩＦＡワールドカップ、日韓で開幕。
6月　鈴木宗男衆院議員、収賄容疑で逮捕。
8月　住民基本台帳ネットワーク開始。
8月　南アフリカのヨハネスブルクで持続可能な開発に関する世界首脳会議（地球サミット 2002）が開幕。
9月　小泉首相が、日本の首相として史上初めて北朝鮮を訪問。日朝首脳会談で北朝鮮の金正日総書記が日本人拉致問題を公式に認める。
10月　北朝鮮に拉致された日本人５人が帰国。

２００３年

1月　北朝鮮が核拡散防止条約（ＮＰＴ）脱退を宣言。
1月　小泉首相、靖国神社参拝。
2月　北朝鮮が地対艦ミサイルを日本海に向け発射。
3月　大和銀行とあさひ銀行が合併し、りそな銀行発足（あさひ銀行の埼玉県内の店舗は埼玉りそな銀行として分離）。
3月　アメリカ・イギリスによるイラク侵攻作戦開始。
4月　郵政事業庁が日本郵政公社に。
4月　東京都知事選で石原慎太郎が大差で圧勝。
5月　個人情報保護法が参議院本会議で可決、成立。
6月　盧武鉉韓国大統領、国賓として来日し天皇陛下と会見。
7月　食糧庁が廃止される。
7月　イラクの暫定統治機関としてイラク統治評議会が設置される。
8月　住民基本台帳ネットワークシステムが本格稼働。
9月　自民党幹事長に、安倍晋三官房副長官が就任。
9月　小泉再改造内閣発足。
9月　自由党が野党第１党の民主党へ合流。
10月　米カリフォルニア州知事にアーノルド・シュワルツェネッガーが当選。
10月　中国が初の有人宇宙船「神舟５号」の打ち上げに成功。
10月　藤井治芳日本道路公団総裁が解任。
11月　第 43 回衆議院議員総選挙で連立与党が絶対安定多数の議席を確保し、第２次小泉内閣が発足。
11月　イラク北部で日本大使館の公用車が襲撃され、日本人外交官２人とイラク人運転手が死亡。
11月　大手地銀の足利銀行が特別危機管理銀行の認定を受け経営破綻、一時国有化。
12月　アメリカ軍がサダム・フセイン イラク元大統領を拘束。

主な出来事（1999年4月～2003年12月）

１９９９年

３月　日本銀行、ゼロ金利政策実施。
４月　石原慎太郎が都知事選挙で東京都知事に当選。
５月　周辺事態法・防衛指針法（日米新ガイドライン法）成立。
６月　男女共同参画社会基本法が成立。
８月　国旗国歌法成立。
９月　民主党代表に鳩山由紀夫が選出される。
９月　茨城県東海村の核燃料施設ＪＣＯで日本初の臨界事故。２人死亡。
10月　自自公連立政権により、小渕第２次改造内閣が発足。
12月　ロシアのエリツィン大統領が辞任。代行にプーチン首相を指名。

２０００年

１月　新潟少女監禁事件、９年２カ月に渡る少女の監禁が発覚。
３月　台湾の総統選で民進党の陳水扁が当選。
４月　自民党と公明党が自由党との連立を解消。自由党議員のうち、連立政権を望むグループが新党「保守党」を結成。
４月　森喜朗が首班指名され、第１次森内閣発足。小渕内閣の全閣僚再任。
５月　西鉄バスジャック事件発生。
５月　プーチンがロシア大統領に就任。
６月　朝鮮半島の分断後初の南北首脳会談。
６月　第42回衆議院議員総選挙。自民党、公明党、保守党の連立与党が安定多数を確保。
６月　雪印集団食中毒事件発覚。
７月　金融監督庁が改組され、金融庁が発足。
11月　ストーカー規制法施行。

２００１年

１月　ギリシャがユーロを導入。
１月　中央省庁再編。従来の１府22省庁が、１府12省庁に。
１月　ブッシュがクリントンの後を継いで米国大統領に就任。
２月　愛媛県立宇和島水産高校の実習船「えひめ丸」が米海軍の原子力潜水艦と衝突して沈没、９人が行方不明に。
３月　東京地検、ＫＳＤ事件で村上正邦元労働大臣を収賄容疑で逮捕。
３月　量的金融緩和政策を開始。
４月　情報公開法が施行。
４月　小泉純一郎が首相に就任。
８月　小泉首相が靖国神社を参拝。中国、韓国政府が反発。
９月　アメリカで同時多発テロ事件が発生。
10月　米フロリダ州の新聞社に炭疽菌が送りつけられる。以降も同様の事件が続く。
10月　アメリカ軍によるアフガニスタン侵攻開始。
12月　中国のＷＴＯ（世界貿易機関）加盟発効。

著者　西部 邁（にしべ すすむ）
1939年北海道長万部町生まれ。東京大学経済学部在学中に全学連中央執行委員として60年安保闘争に参加するが、後に左翼過激派と訣別。横浜国立大学助教授、東京大学教養学部助教授を経て東京大学教授に就任、88年に辞職。日本の保守論壇を代表する評論家、思想家として執筆活動を続け、テレビなどでも活躍。言論月刊誌『発言者』主幹、後継誌『表現者』顧問を務めた。『経済倫理学序説』（吉野作造賞）、『生まじめな戯れ』（サントリー学芸賞）、『サンチョ・キホーテの旅』（芸術選奨文部科学大臣賞）、『そろそろ子供と「本当の話」をしよう』（小社刊）など著書多数。2018年1月21日自裁。

流言流行への一撃
西部邁18年の軌跡 I

2018年10月5日第1刷発行

著　者	西部 邁
発行者	千葉 弘志
発行所	株式会社ベストブック 〒106-0041 東京都港区麻布台3-4-11 麻布エスビル3階 電話03（3583）9762（代） http://www.bestbookweb.com mail@bestbookweb.com
印刷・製本	中央精版印刷株式会社
装　釘	クリエイティブ・コンセプト
写真提供	西部 智子
	ISBN978-4-8314-0224-0 C0036